本书由广西高等学校高水平创新团队及卓越学者计划"非政府组织与社会管理创新"和广西高校人文社会科学重点研究基地"区域社会管理创新研究中心"建设经费资助出版

本书系广西哲学社会科学规划研究课题"社会组织参与广西贫困治理的实践路径研究"(合同编号:13CSH003)研究成果

Social Organization
and Poverty Governance

Poverty Alleviation Practice
Based on Organization Case

社会组织
与贫困治理

——基于组织个案的扶贫实践经验

莫光辉　祝　慧　著

知识产权出版社
Intellectual Property Publishing House
全国百佳图书出版单位

图书在版编目（CIP）数据

社会组织与贫困治理——基于组织个案的扶贫实践经验/莫光辉,祝慧著. — 北京：知识产权出版社,2016.9

ISBN 978-7-5130-4356-4

Ⅰ.①社… Ⅱ.①莫… ②祝… Ⅲ.①社会组织-扶贫-研究-中国 Ⅳ.①F126②C912.2

中国版本图书馆CIP数据核字（2016）第191292号

内容提要

本书主要采取文献研究法、案例研究法、对比研究法等研究方法总结梳理中国民主建国会广西壮族自治区委员会社会服务部、柳州钢铁集团、广西强荣爱心基金会、皇氏集团股份有限公司、广西佛教济善会、南宁青少年健康服务学会、八桂义工协会、广西众益社会工作服务研究中心等社会组织参与中国贫困治理的实践经验，特别是参与广西少数民族地区贫困治理的实践经验，对比分析中国本土社会组织在参与贫困治理的过程中对经济社会发展的贡献力，提出应加快社会组织参与精准扶贫战略的发展策略和决策定位，实现社会组织提供社会服务能力嬗变与贫困治理模式创新关键节点的有效对接，充分发挥出社会组织在脱贫攻坚战中的贡献力和影响力。

责任编辑：李小娟

社会组织与贫困治理——基于组织个案的扶贫实践经验
SHEHUI ZUZHI YU PINKUN ZHILI——JIYU ZUZHI GEAN DE FUPIN SHIJIAN JINGYAN

莫光辉　　祝慧　著

出版发行：	知识产权出版社 有限责任公司	网　址：	http://www.ipph.cn
电　话：	010-82004826		http://www.laichushu.com
社　址：	北京市海淀区西外太平庄55号	邮　编：	100081
责编电话：	010-82000860转8531	责编邮箱：	61026557@qq.com
发行电话：	010-82000860转8101/8029	发行传真：	010-82000893/82003279
印　刷：	北京中献拓方科技发展有限公司	经　销：	各大网上书店、新华书店及相关专业书店
开　本：	720mm×1000mm　1/16	印　张：	12.75
版　次：	2016年9月第1版	印　次：	2016年9月第1次印刷
字　数：	176千字	定　价：	58.00元

ISBN 978-7-5130-4356-4

出版权专有　　侵权必究

如有印装质量问题，本社负责调换。

推荐序一　扶贫，贫困治理结构的多元化问题

广西大学两位青年学者莫光辉和祝慧基于他们对不同的社会组织在广西扶贫实践的实证研究，撰写了《社会组织与扶贫——基于组织个案的扶贫实践经验》一书。他们请我为这本书写一个序言，我欣然同意。我欣然同意的主要原因是，这个问题提出来已经有十多年了，社会组织参与扶贫的实践越来越多，中央和各级政府都积极推动社会组织参与扶贫的工作。但是，长期以来由国家主导的贫困治理机制依然没有得到根本性的多元化。我同意为这本书写序言的另外一个原因，也是希望能够向两位年轻的学者学习。

中国严格意义上的扶贫工作是从 20 世纪 80 年代初期开始的。1985 年之前，中国政府开始了以瞄准贫困地区为主要特点的农村扶贫开发工作。1985 年之后，政府将这样一项工作进一步制度化，从而形成了农村专项扶贫计划。中国政府之所以通过对贫困地区的瞄准而展开农村扶贫工作，是因为随着改革开放的进一步推进，在差异化发展战略的驱动下，沿海开放地区和东部地区以及自然、经济和社会条件相对较好的地区在改革开放政策的推动下迅速发展。相比之下，那些自然、经济和社会条件落后的地区不能很好地受益于经济增长。因此，需要一个针对这些地区的优惠性扶持政策。

中国政府的专项扶贫计划从一开始就是在政府的主导和统一规划下展开的，也就是说，中国的贫困治理工作，从一开始就是政府主导型的治理机制，如同中国的发展一直是政府主导一样，中国的贫困治理之所以是政府

主导,是由中国的政治体制所决定的。政府主导的扶贫治理机制具有很多不可替代的优势:首先,扶贫工作需要总体规划和长期的、大量的投入。对于20世纪80年代的中国而言,在巨大的贫困人口的约束下,扶贫工作不可能仅仅依靠市场、个人或者社会组织来推动;其次,在20世纪80年代以后的很长一段时间里,中国的社会组织发育程度相当低,除了一些官方支持的大型的社会组织以外,基本上没有很多能够深入基层的社会组织,所以在那样一种情况下,强调社会组织治理贫困问题是脱离实际的;最后,也需要指出的是,即使有很多的社会组织,对于扶贫这样一个具有高度道德责任的工程而言,国家理所应当承担起主导的作用,甚至在很多的情况下,社会组织的参与反而会导致扶贫治理结构的碎片化,不利于穷人从根本上摆脱贫困。

20世纪90年代中期,中国政府实施了"八七扶贫攻坚计划"。"八七扶贫攻坚计划"是中国政府自实施有计划、有组织的扶贫开发工作以来,规模最大的农村扶贫开发计划。"八七扶贫攻坚计划"在实施过程中暴露出了许多问题。其中,扶贫资源的投入如何能够惠及真正的穷人成为政策、学界和社会界的关注重点。大量的研究表明,无论是扶贫贴息贷款、财政扶贫资金还是其他扶贫资源均存在严重的偏离、渗漏和溢出的问题。国家主导型的贫困治理机制在充分发挥了其统一规划、统一资源配置等诸多优势之后,其不足之处也明显呈现。政策与学术界所关注的主要问题是:第一,扶贫资源如何能够到达真正的贫困地区和真正的贫困人口;第二,扶贫资源如何能够满足贫困地区和贫困人口的根本需要;第三,谁来落实这样一些工作。这些问题的提出也是伴随着中国农村扶贫开发工作的不断深入而产生的。因此,进入21世纪以来,扶贫政策和扶贫研究的关注点开始向贫困治理方向转变。

莫光辉和祝慧两位青年学者将中国民主建国会广西壮族自治区委员会社会服务部、广西柳州钢铁集团、皇氏集团服务有限公司、广西强荣爱心基金会、广西佛教济善会、广西桂平龙华寺、南宁青少年健康服务协会、广西

推荐序一　扶贫，贫困治理结构的多元化问题

八桂义工协会和广西众益社会工作服务研究中心九个不同类型的社会组织在广西的扶贫实践作为案例，针对这些机构具体的扶贫实践活动进行了系统的研究。研究内容涉及了这些社会组织的治理结构、扶贫的方式、资金的来源以及具体扶贫的内容等不同方面。研究全面展示了21世纪以来，社会组织在扶贫实践领域所展开的多样性实践，特别展示了社会组织如何发挥其特长，进入政府忽略的扶贫领域的实际案例。应该说，本书是针对社会组织参与扶贫治理工作的很好的实证性著作，对于我们了解社会组织在基层如何展开扶贫工作具有重要的意义。

作者在本书中提出了社会组织参与扶贫能够很好地与贫困群体的发展需求相对接、社会组织可以很好地将包括商业资本在内的各种社会资源整合到扶贫开发领域、社会组织参与扶贫有利于提高社会组织的自我发展能力、社会组织作为我国贫困治理的重要组成部分、政府应该通过拓展购买社会组织服务从而培育社会组织参与扶贫治理的机制等一系列的观点。这些观点准确把握了中国扶贫治理结构变化的内在需求，既是中国贫困治理目前存在的主要问题，也是中国贫困治理未来带有方向性的改革内容。该书同时也提出了加强对社会组织的引导和监督，多元主体的减贫张力以及社会组织如何改善管理能力、提高执行效率等诸多社会组织参与贫困治理时所面临的问题。

对于政府主导型的扶贫治理结构而言，如何有效地发挥社会组织和其他实体的作用是改善扶贫治理结构、提高扶贫资源使用效率的重要议题。如前所述，贫困治理工作的效率越来越依赖于扶贫资源如何能够真正到达贫困群体。从这个角度上来讲，政府的政治行政资源是有优势的。但是其数量有限，无法面对千家万户的需求。从这个意义上讲，各种熟悉基层、贴近群众的社会组织具有很大的发挥作用的空间。因此，从这方面来讲，政府和社会组织比较容易形成共识。本书在这个方面挖掘了众多的成功案例。

贫困治理工作还包括战略政策、资源分配层面的治理问题。社会组织

如何能够有效地参与到贫困治理的全部过程,则是目前贫困治理结构多元化的主要难点。在这方面,本书没有展开深入的研究,这是按照新自由主义的视角来看贫困的治理问题。同时,也不能够说,社会组织在扶贫中的作用一定是比政府的作用更好。对于贫困治理结构的研究,更应该关注不同的利益主体在扶贫资源的决策、分配和使用方面的互动关系,应更多地关注不同的治理主体,不同的治理角色进入治理过程中是如何构建一个有利于穷人的治理机制的。有关贫困治理的研究应避免过分合理化政府的作用,也要避免过度合理化社会组织的作用。实际上,无论是政府主导的还是政府、社会共同参与下的治理模式,其核心是如何能够确立贫困群体在扶贫治理中的主体地位。这需要研究者从制度主义和组织主义的理论框架中回归到受益群体的能动性这样一个理论框架中来,也只有挖掘受益对象的能动性,贫困治理才有其实际的意义。

中国农业大学博士生导师　李小云教授
2016 年 7 月 10 日

推荐序二　社会力量参与社会治理研究的新尝试

一般来说,把整个社会分为三个部门,第一部门是政府,掌握公共权力,提供公共产品,对社会事务进行强制性管理和多元化的服务。第二部门是企业,提供私人物品,赢取利润。第三部门是社会组织,它本身没有权力和没有利润分配,主要是提供专业化的服务。在中国,广义上包括在编办注册的事业单位,在民政注册的社会团体、民办非企业单位和基金会,在民族宗教委注册的宗教场所,由民政部进行管理的村委会和居委会,在工商注册的不分配利润的企业。

为了动态地分析问题和探讨它们相互间的关系,我们可以把每个部门理解为一个圈,第一部门是政府圈,第二部门是企业圈,第三部门是第三部门圈。在计划经济时期,政府圈囊括企业圈和第三部门圈,企业圈和第三部门圈没有独立性,而且圈的范围也比较小。到1978年中国实行改革开放政策以后,企业圈先从政府圈中独立出来,后面是第三部门圈。随着社会经济的发展和事务的复杂性,政府圈、企业圈与第三部门圈之间合作与协调的事务越来越多,谁也离不开谁!

中国政府原来实行的是计划经济,党的十四大明确提出中国要建立社会主义市场经济运行模式。市场经济要求政府是有限政府,把原来从社会职能演变政府职能的部分让渡出来还给社会,当然,考虑到企业圈和第三部门圈的效率与创新精神,政府也可以把具有微观性和操作性事务转给企业圈和第三部门圈,充分发挥企业圈和第三部门圈的积极性,确保社会服务质量,提高公众的满意度,由此产生政府逐渐转变职能,向社会力量购买公共服务,使政府圈、企业圈和第三部门圈形成新的关系格局。

企业圈,特别是第三部门圈,获得了政府转移的职能、资源、人才和信息,在社会中发挥着独立的不可或缺的作用,这些作用,不仅体现在教育、卫生、文化、体育、环保和宗教等领域,而且还反映在中西部地区社会经济改变上,尤其在扶贫济困方面。政府圈做了许多扶贫济困的事务,但光靠政府圈无法全面解决中西部地区整体贫困现状,需要有效展示企业圈和第三部门圈的功能,展示其潜在的力量和显现的力量,激发社会活力。

莫光辉副研究员,就职于广西大学公共管理学院,担任中国贫困治理与社会政策研究中心主任,主持包括国家社科基金项目等纵、横向课题30余项,出版发表多部著作和多篇论文。他在大量的调研活动基础上与祝慧老师一起撰写了《社会组织与贫困治理——基于组织个案的扶贫实践经验》一书,请我作个序,我欣然答应,主要有两个原因:一是他年轻有为,勤奋好学,短短几年时间研究成果较多,体现出年轻人的胆识与智慧。二是研究的领域一直聚焦在社会组织发展、社区治理与精准扶贫领域。这好像一个人打井一样,越挖到下面,越容易找到水源,发现更多的水。本书是莫光辉对国家贫困治理体系顶层设计和执行进程的最新学术探讨。作为第一个读者,我首先向他表示祝贺,潜心学术,辛勤耕耘,必有收获。粗读此书,可以概括出以下几个方面的特点。

第一个特点:选题适合现实需要。在广西,作为后发展地区,在政府圈基础上,如何发挥企业圈和第三部门圈的积极作用,显得特别重要。这样的研究,既反映了广西经济社会的实际情况,又能在较短的时间内呈现学术成果。

第二个特点:个案的研究方法。莫光辉他们选择了九个个案,以广西柳州钢铁集团、皇氏集团股份有限公司两个企业个案为基础,重点介绍了中国民主建国会广西壮族自治区委员会社会服务部、广西强荣爱心基金会、广西佛教济善会、广西桂平龙华寺、南宁青少年健康服务学会、八桂义工协会、广西众益社会工作服务研究中心七个社会组织,包括社会团体、民

推荐序二 社会力量参与社会治理研究的新尝试

办非企业单位和基金会。从个案概述、项目需求、实施过程、成效评估、主要经验、问题反思、对策建议等方面对调研个案进行详细介绍,个案的材料非常丰富,真实可靠,为问题的讨论提供了扎实的实证材料。在讨论基础设施、文化教育、产业开发、扶贫培训、赈灾救助、扶贫对象与区域社会自我发展能力建设等方面的扶贫经验基础上,形成社会力量参与广西少数民族地区贫困治理的行动策略。

第三个特点:提出了具有操作性的对策观点。透过九个案例的描述分析,提炼出五个具有概括性的判断。一是社会组织参与贫困治理是彰显社会组织经济社会贡献力的重要方式;二是社会组织参与贫困治理扶贫模式是对传统扶贫方式的有效创新;三是社会组织参与贫困治理扶贫模式有利于提高扶贫对象的自我发展能力;四是社会组织将是参与我国脱贫攻坚新阶段贫困治理的强大新生力量;五是国家应拓展政府购买社会组织服务方式全面提升社会组织参与贫困治理能力建设。从这五个观点中,提炼出一个非常重要的判断,那就是政府圈与企业圈、第三部门圈新型关系正在建立,由传统的政府圈单一扶贫模式调整为政府主导的多中心扶贫模式,形成一个合作共赢的机制,提升第三部门圈参与社会治理与扶贫开发的合法性、有效性和公信力。

本书研究成果在国家扶贫领域中建立政府圈与企业圈、第三部门圈互动合作机制有新的理论发现,对社会力量参与国家扶贫开发政策决策设计具有较强的政策参考价值,为不同类型社会力量参与社会治理提供了可操作性的经验借鉴。

当然,作为一部图书,由于时间短和经费少,还是有几个地方可以打磨和细研:一是个案的材料可以再细化。采取个案的研究方法非常好,但个案研究方法中增加参与观察与访谈调研法,可能会收集更多的素材,这两种收集资料的方法一旦采用后,资料会更详细,分析透彻一些;二是理论的使用问题。在社会力量参与贫困治理中,既可以采用多中心治理理论、第三者政府理论,又可以借鉴资源依赖理论、国家与社会关系理论,通过挖掘个案材料,对理论进行深入分析,提出新的概念和观点,完善与发展理论。

尽管提了一些建议,但整部书还是瑕不掩瑜,通过阅读本书,可以清晰了解社会力量参与社会治理与扶贫的经验与实践,对广西社会力量发挥积极作用有一个整体梳理。我想,以后会有更多的论文和著作涉及这一领域,必然把此书作为引注的一本,这就是本书的价值所在。

是为序!

上海交通大学第三部门研究中心主任、国际与

公共事务学院教授、博士生导师　徐家良

2016年6月25日晚于上海青浦崧塘河边

前　言

随着中国特色社会主义制度的建设完善和社会主义市场经济体制的发展成熟，我国社会组织在"国家-市场-社会"的治理结构平衡中正处于快速成长时期，不同类型的社会组织以其灵活独特的机构优势逐渐发展成为国家治理体制和社会管理格局中不可或缺的重要新生力量，并在社会建设事业中发挥出明显的优势潜能和影响。在扶贫开发构建的"政府-市场-社会"的大扶贫格局中，社会组织在扶贫开发领域逐渐从被排斥、被吸纳到主动参与共治，是国家政府职能转变在扶贫领域的重要体现，也是社会组织对国家鼓励多元社会主体参与贫困治理倡导的积极响应。

贫困问题是当前全面深化改革需要面对的现实重大民生问题和社会问题，贫困治理能力提升也是推进国家治理体系和治理能力现代化的重要组成部分。在2015减贫与发展高层论坛上，习近平总书记在主旨演讲中深刻指出，中国坚持动员全社会参与，发挥中国制度优势，构建了政府、社会、市场协同推进的大扶贫格局，形成了跨地区、跨部门、跨单位、全社会共同参与的多元主体的社会扶贫体系。2016年3月5日，李克强总理在第十二届全国人民代表大会第四次会议做政府工作报告，进一步提出"支持社会力量参与脱贫攻坚"。当前，全国上下正在如火如荼地推进脱贫攻坚战，确保2020年全面脱贫的任务也非常艰巨。精准扶贫战略的深入推进需要创新传统的扶贫开发模式，由政府单中心扶贫转变为政府主导多中心扶贫模式，构建政府、市场、社会等多元主体相互协作、共同精准发力精准扶贫的贫困治理支持网络，充分激发出市场和社会等多元主体参与贫困治理的巨大减贫脱贫张力和活力。在精准扶贫精准脱贫的脱贫攻坚战进程中，如何界定社会组织的含义、拓展解读社会组织参与贫困治理的角色定位和发展策略,以及进一步提升社会组织参与贫困治理的合法性、有效性和公信力,最大程度激发社会组织参与贫困治理的减贫脱贫效益,应成为新时期贫困治理实践方向之一,也应该成为丰富贫困理论研究领域的学术增长点。基于此,本书主要采取文献研究法、案例研究法、对比研究法等研究方法总结梳理社会组织参与我国贫困治理的实践经验,特别是参与广西少数民族地区贫困治理的实践经验,对比分析我国本土社会组织在参与贫困治理的过程中对经济社会发展的贡献力,提出应加快社会组织参与精准扶贫战略的发展策略和决策定位,实现社会组织提供社会服务能力嬗变与当前贫困治理模式创新关键节点的有效对接,充分发挥出社会组织在脱贫攻坚战中的贡献力和影响力。研究成果对在国家扶贫领域中建立政府与社会组织互动合作机制有所启发,对社会组织参与国家扶贫开发政策决策设计具有参考价值,对不同类型社会组织参与社会治理的实践路径也有借鉴意义。为了便于读者对不同社会组织的发展历程以及在参与贫困治理的项目选择、特点、过程、优势、不足等方面有较为全面的了解,本书采用不同社会组织参与贫困治理的案例单独成章的写作模式进行全书的逻辑构架,对于部分社会组织参与贫困治理的典型项目案例也进行了较为详细的介绍。具体而言,本书研究内容主要涉及以下几个方面。

(1)社会组织参与贫困治理的涉及领域。社会组织参与国家扶贫开发中的活动领域已经逐步涵盖了政治、经济、文化、生态、社会服务的诸多方面,如社区发展、生计改善、文化教育、技术培训、自然灾害管理、特殊人群关怀、农业技术推广、医疗卫生促进、妇女发展、自然资源保护与管理等。在扶贫开发活动中,社会组织也逐步形成了服务提供、行动研究、互助合作、宣传倡导及意识启蒙等多样化的扶贫方式,社会组织在其参与贫困治理的各个领域中不断彰显其经济社会贡献力。

(2)社会组织参与贫困治理的独特优势。政府行为的扶贫开发行动主要表现在强大的动用资源的能力和制定政策、推广具体经验做法等方面。与政府相比,社会组织在贫困治理方面具有独特的优势。一是有效瞄准扶贫对象且扶贫救助行动迅速。社会组织的组织者和参与者更具强烈的同情心和利他主义精神，而且扎根于基层，对困难群体的需求和最新情况能够及时把握，做出迅速反应。社会组织在减贫行动中主要是对贫困群体中的农民、妇女和儿童，以及由于自然灾害、个人及家庭风险所造成的贫困等。这些群体的脆弱性和抵御风险的弱势性，以及突发灾难事件的危害性，迫切需要有热心与奉献精神的社会组织发挥快速反应、迅速施救的作用。二是社会组织体制灵活，贫困治理运行模式执行能力强。社会组织在贫困治理的创新能力主要体现在减贫的方式、方法、模式和运行机制方面。社会组织独立于政府机构，在组织活动中具有较强的灵活性，不拘泥于固定模式。特别是国际社会组织与慈善事业紧密结合，有较长的发展历史，具有丰富的扶贫实践经验，对起步较晚的我国社会组织发挥更大的经济社会贡献力具有很好的借鉴和启示作用。三是社会组织有效承接政府公共服务职能转移，扶贫资源使用效率高。社会组织在减贫行动中可以有效承接政府公共服务职能转移，动员政府和市场无法动员的国内社会资源，也可以从国外引进资金和人才；可以将调集到的资源以较快的速度调配和分发。一些规章制度健全、组织完善的社会组织，还会对所投资金的落实情况、使用情况、使用效果进行及时跟踪，以使扶贫资金达到最大效能。

（3）社会组织参与贫困治理的作用。一是社会组织精准扶贫推进了区域经济社会发展。社会组织一方面更多地动员社会资本运用于扶贫开发活动，通过精准扶贫的实际操作，确保扶贫项目善款、善资能够真正落实到扶贫开发的各项活动中去，使扶贫资源有效利用达到最大化；另一方面，社会组织通过产业化扶贫项目方式参与区域社会贫困治理，新兴产业植入有效改变了区域社会产业结构，推进了区域减贫和区域经济社会发展。二是社会组织改善了扶贫对象的贫困生活状态。社会组织通过直接提供包括资金、物资等经济资源，以精准投入的方式打破贫困所固有的恶性循环，从量和质两个方面改变扶贫对象的生活状态。三是社会组织提高了扶贫对象的自我发展能力。社会组织通过开展文化扶贫培训项目,特别是针对扶贫对象具体情况的各种形式技能培训,将大量实用的科学文化知识信息和技术技能传授给扶贫对象,使扶贫对象通过参加学习和直接应用掌握脱贫致富的技术技能,提高了扶贫对象的自我发展能力。四是推进社会组织与政府合作协同扶贫开发机制建构。处于政府与市场之间的社会组织在贫困治理方面有其特有的组织结构和资源优势,社会组织作为政府扶贫开发社会支持体系中的新生力量,发挥其专业性和灵活性的优势承接着政府公共服务职能的有效转移,实现社会组织与政府职能部门的良性沟通与友好合作,共同推进国家减贫事业进程。五是国际社会组织参与贫困治理是我国开放合作的友好枢纽。国际各种社会组织在救助、支援中国贫困地区的贫困治理过程中与中国政府职能部门已经形成了密切的互动合作,共同推进我国扶贫开发事业进程。一方面,中国政府职能部门通过国际或境外社会组织积极吸收更多的国际社会和海外资源用于扶贫开发事业,并协助国际和境外社会组织在华开展各种扶贫开发项目;另一方面,国际社会组织也作为国际社会救助中国贫困地区的中介组织发挥扶贫项目主导、执行、监督的作用,在扶贫项目的执行过程中,国际和境外在华社会组织与中国政府有关部门互助合作,在中国减贫进程中发挥了重要作用,对区域经济社会发展产生显著影响。

(4)对比分析不同社会组织参与贫困治理的异同点。在笔者的研究过程中,本想全面收集世界银行、国际行动援助、社区伙伴计划、世界宣明会、香港乐施会、英国国际发展部、日本国际协力事业团等有较大影响的国际或境外社会组织参与我国贫困治理的数据材料,限于各方面的条件,笔者没有收集到这方面的材料,中外社会组织参与贫困治理的对比研究无法进行。在对中国国内社会组织参与贫困治理方面的材料收集,笔者收集到国有企业、民营企业、公益组织等不同类型社会组织参与广西扶贫开发的相关材料。书中将对不同社会组织在基础设施、文化教育、产业开发、扶贫培训、赈灾救助、扶贫对象与区域社会自我发展能力建设等方面的贫困治理实践经验和不足进行对比分析。

(5)脱贫攻坚战进程中拓展社会组织参与贫困治理的路径创新。政府应从国家层面加快政府职能转移,尽快建立健全国家层面上的社会组织参与贫困治理能力建设机制体制,以拓展政府购买社会组织服务方式为核心,加大对公益性社会组织的扶持和培育力度,研发成熟配套的社会组织参与贫困治理扶贫项目,建立社会组织参与贫困治理的第三方评估机制,完善社会组织参与贫困治理的法律体系,以增强社会组织参与贫困治理的内生活力和经济社会影响力,通过政府与社会组织合作互动共同创新精准扶贫模式,共同促进国家脱贫攻坚战进程和减贫事业发展,推进国家治理体系和治理能力现代化。

当然,受到学识、能力、时间等方面的限制,本书还有不少缺点,期待各位读者给予批评指导,若有宝贵建议,欢迎您抽空指出并联系笔者(ghmo@163.com),以期在今后的学术研究中不断完善,共同为国家脱贫攻坚事业做出学术努力。

目 录

第一章 绪 论 ·· 1
一、研究缘由 ·· 1
二、研究意义 ·· 2
三、相关概念界定及文献综述 ·································· 3
四、研究思路及研究方法 ······································ 24

第二章 民建广西区委会社会服务部的贫困治理实践 ·········· 26
一、民建广西区委会社会服务部简介 ·························· 26
二、民建广西区委会社会服务部参与贫困治理的实践经验 ······ 27
三、民建广西区委会社会服务部参与贫困治理的脱贫成效 ······ 30
四、民建广西区委会社会服务部的"生态教育移民"个案分析 ···· 32

第三章 广西柳州钢铁集团有限公司参与贫困治理的实践 ········ 39
一、广西柳州钢铁集团有限公司简介 ·························· 39
二、广西柳州钢铁集团有限公司定点扶贫实践经验 ············ 40
三、广西柳州钢铁集团有限公司驻村第一书记扶贫工作个案分析 ···· 45

第四章 皇氏集团股份有限公司参与贫困治理的实践 ·············· 50
一、皇氏集团股份有限公司简介 ······························ 50
二、皇氏集团股份有限公司参与贫困治理的主要模式 ·········· 50
三、皇氏集团股份有限公司参与贫困治理的成效 ·············· 51
四、民营企业参与精准扶贫的建议 ···························· 53

第五章 广西强荣爱心基金会参与贫困治理的实践 ·············· 55
一、广西强荣爱心基金会简介 ································ 55

二、广西强荣爱心基金会参与贫困治理的主要做法 …………56
三、广西强荣爱心基金会参与贫困治理存在的问题 …………60
四、广西强荣爱心基金会科技扶贫个案分析 …………………60

第六章　广西佛教济善会参与贫困治理的实践 ……………64
一、宗教类慈善社会组织的发展及研究动态 …………………64
二、广西佛教济善会参与贫困治理的社会意义 ………………67
三、广西佛教济善会参与贫困治理面临的主要问题 …………70
四、宗教类慈善组织参与贫困治理的发展策略 ………………74

第七章　广西桂平龙华寺参与贫困治理的实践 ……………81
一、广西桂平龙华寺参与贫困治理的项目实践 ………………81
二、广西桂平龙华寺参与社会公益行动面临的问题和发展策略 …………84

第八章　南宁青少年健康服务学会参与贫困治理的实践 …………85
一、民办社工机构及其参与贫困治理的含义界定 ……………85
二、南宁青少年健康服务学会简介 ……………………………88
三、南宁青少年健康服务学会参与贫困治理的功能显现 ……89
四、南宁青少年健康服务学会参与贫困治理面临的主要问题 …………91
五、优化民办社工机构参与贫困治理机制的途径 ……………94
六、南宁青少年健康服务学会参与公益扶贫的个案分析 ……97
七、南宁青少年健康服务学会"三区计划"项目的个案分析 …………106

第九章　广西八桂义工协会参与贫困治理的实践 …………114
一、广西八桂义工协会简介 ……………………………………114
二、广西八桂义工协会参与贫困治理的项目实践 ……………116
三、广西八桂义工协会参与贫困治理的项目个案分析 ………120

第十章　广西众益社会工作服务研究中心参与贫困治理的实践　126
一、广西众益社会工作服务研究中心简介 ……………………126
二、广西众益社会工作服务研究中心参与贫困治理的项目实践 …………127
三、广西众益社会工作服务研究中心"三区计划"项目个案分析 …………139

第十一章　研究结论与启示 ……………………………………156
一、主要研究观点 ………………………………………………156
二、研究创新点与研究不足 ……………………………………158
三、社会组织参与贫困治理的启示 ……………………………159

参考文献 ……………………………………………………………164

附录一 ………………………………………………………………169

附录二 ………………………………………………………………173

后　记 ………………………………………………………………178

第一章 绪 论

一、研究缘由

20世纪90年代以来,社会组织在我国的发展规模不断拓展,涵盖了经济、文化、社会等各个领域,在中国特色社会主义现代化建设进程中发挥的作用越来越大,社会影响力也在不断扩大。有统计数据显示:"各类民办非企业单位广泛活跃在教育、科技、文化、卫生、体育、养老、社会工作、环境保护、法律援助等领域,在促进经济发展、繁荣社会事业、创新社会管理、提供公共服务、增加就业岗位、扩大对外交往等方面发挥了重要作用,成为我国社会主义现代化建设不可或缺的重要力量。"[1]随着社会组织在参与扶贫开发中的减贫成效越来越突出,社会组织在扶贫开发中的角色定位和发展路径等需要从不同学科背景进行归纳梳理,以进一步推进社会组织参与国家减贫事业。习近平同志指出,"我们坚持动员全社会参与,发挥中国制度优势,构建了政府、社会、市场协同推进的大扶贫格局,形成了跨地区、跨部门、跨单位、全社会共同参与的多元主体的社会扶贫体系"[2]。而社会组织作为社会管理创新的一个重要主体,如何介入贫困治理中、需要具备何种条件、利用何种路径等,是我国贫困治理体系创新和民生政策优化需要认真对待的重要问题。加强社会组织参与扶贫开发研究,发挥社会组织在区

---

[1] 权敬.社会服务机构已占据我国社会组织半壁江山[EB/OL].(2016-04-18)[2016-05-30]. http://news.xinhuanet.com/gongyi/2016-04/18/c_128905397.htm.

[2] 习近平.中国一直是世界减贫事业的积极倡导者和有力推动者[EB/OL].(2015-10-17)[2016-02-24].http://news.xinhuanet.com/politics/2015-10/16/c_128325018.html.

域减贫工作中的作用,对于完善我国社会扶贫模式和加快国家脱贫攻坚进程具有重要意义。为此,笔者在2013年12月,获得广西壮族自治区哲学社会科学规划2013年度研究课题"社会组织参与广西贫困治理的实践路径研究"(项目编号:13CSH003)立项后,就一直在介入社会组织参与贫困治理的实证资料整理和学术思考过程中。2014年1月,笔者从广西大学党委办公室、校长办公室转岗到广西大学公共管理学院从事教学科研工作,承蒙广西大学公共管理学院院长谢舜教授、副院长王玉生教授的提携关爱,把本书列为广西高等学校高水平创新团队及卓越学者计划"非政府组织与社会管理创新"和广西高校人文社会科学重点研究基地"区域社会管理创新研究中心"建设经费资助出版,这更加速了笔者收集、整理、分析社会组织参与贫困治理的相关材料进程。笔者2015年12月在社会科学文献出版社出版《农民创业和贫困治理——基于广西天等县的实证分析》后,也很想通过自己的学术努力深化拓展贫困治理系列研究。不同社会组织在参与扶贫开发的实践经验、减贫效率、存在问题、改进策略等方面是研究的重点,并尝试进行不同社会组织参与贫困治理的省际实践经验实践比较,形成较为系统的社会组织在参与扶贫开发经验概括,概括一个比较完善的社会组织参与贫困治理的规范性行动策略,并从社会组织参与贫困治理的社会功能视角优化精准扶贫政策设计,使贫困问题在脱贫攻坚战的实践进程中得到有效减缓,助推贫困地区早日全面建成小康社会。

二、研究意义

(一)理论意义

贫困问题是社会普遍关注、多学科持续研究的复杂领域。近年来,我国政府强调深入推进扶贫开发工作,加大对革命老区、民族地区、边境民族地区、贫困地区的扶持力度,在农村致贫原因逐渐多元和贫困主体脆弱性增强的新形势下,梳理出不同类型社会组织参与贫困治理的实践经验,并对不同社会组织在脱贫攻坚战进程中的角色定位和发展策略进行理论建构,将丰富贫困治理研究成果。

(二)现实意义

贫困问题是当前全面深化改革需要面对的现实重大民生问题和社会问题。贫困治理能力提升也是推进国家治理体系和治理能力现代化的重要组成部分。党的十八大强调要深入推进扶贫开发,加大对革命老区、民族地区、边境民族地区、贫困地区的扶持力度。党的十八届三中全会也明确提出要激发社会组织活力。本书通过中外社会组织参与贫困治理的减贫效应经验探讨,强调全面构建政府、市场、社会多元主体一体化的贫困治理模式,是对当前我国扶贫开发模式的有效创新,对于民族地区社会组织功能呈现、社会治理体制创新、民生事业发展、促进民族团结、巩固边境安全等具有显著的现实意义。同时,社会组织参与贫困治理特别是参与广西贫困治理模式的实践经验对我国其他地区特别是民族地区推进减贫事业进程和区域社会发展决策具有借鉴参考价值。

三、相关概念界定及文献综述

随着社会组织的不断发展壮大和"政府主导、社会参与"扶贫开发大格局的深入推进,社会组织参与国家减贫事业的学术研究逐渐成为经济学、社会学、管理学等不同学科的研究热点之一。从学术界关于社会组织内涵界定、社会组织参与扶贫开发的优势和局限性研究、社会组织与政府合作扶贫关系研究、社会组织参与扶贫的项目运行机制研究等研究成果进行重点梳理,结合现有研究成果,书中进一步对社会组织参与扶贫开发研究的主要趋势进行了展望,试图归纳出社会组织在扶贫开发过程中的功能显现和发展困境,以促进社会组织内生力建设,推动社会组织在今后的脱贫攻坚过程中发挥出更大的作用。

(一)"社会组织"的概念界定

中国学术研究中的"社会组织"概念没有统一的标准,含义较为广泛,即泛指存在于社会中所有的组织❶。而一些学者认为在正式提出新的"社会组织"概念之前,"非政府组织""非营利组织""第三部门"和"民间组织"等概念在我国的学术研究和社会生活中经常被当成同一概念相互套换使用,很少仔细甄别其内涵上的差异❷。"社会组织"新概念的正式提出使得近几年学界意识到现有多种概念所具有的局限和其对学术研究和组织发展带来了诸多不利因素❸,因此,有必要对国内现有"社会组织"的多种概念进行统一并加强"社会组织"概念的研究❹。并且不应该照搬西方理论,而是应该寻找中国社会结构土壤上最合适的"社会组织"概念❺。

从认识上来看,目前大多数学者认为多种概念的界定制约了社会组织的继续发展,有必要进行统一或加强概念的研究。但是学者们没有就哪一个概念更适合于我国对社会组织的概念达成一致的共识。例如,有学者通过多个相关概念的分析认为社会自治组织更适用❻。而马庆钰通过对诸多概念的局限性分析后认为,非政府组织和民间非营利组织概念更好❼。相反地,谢遐龄从社会结构角度讨论分析出了非政府组织概念在我国的不适

---

❶ 陈洪涛."社会组织"概念的政策与理论考察及使用必要性探析[J].社团管理研究,2009(6):21-24.

❷ 张仲涛,袁耀华.非政府组织内涵与外延研究综述[J].学习论坛,2012(7):48-51.

❸ 谢遐龄.非政府组织在中国——几个概念和发展前景[J].吉林大学社会科学学报,2009(3):13-19.

❹ 唐兴霖,周幼平. 中国非政府组织研究:一个文献综述[J]. 学习论坛,2010(1):49-53.

❺ 谢遐龄.非政府组织在中国——几个概念和发展前景[J].吉林大学社会科学学报,2009(3):13-19.

❻ 刘杰.社会自治组织的概念探析[J].太平洋学报,2006(8):54-65.

❼ 马庆钰.对非政府组织概念和性质的再思考[J].天津行政学院学报,2007(4):40-44.

第一章 绪 论

用性[1]。张海军结合中央政策与我国实际情况认为,新提出的社会组织概念更适合概括普遍存在发展于我国民间社会的"社会组织"[2]。还有学者认为,究竟使用哪一个概念并不重要,关键是对非政府组织的发展与充分发挥功能起作用[3]。

从整体上来看,我国学者只有一部分倾向于某一个概念的使用,而更大部分学者倾向于从萨拉蒙的"结构-运行"视角强调"社会组织"的某几个特征,而不是从概念上进行严格定义。而且大都是在萨拉蒙"结构-运行"视角上结合本土情况进行拓宽和修整。其中大部分学者提到的特点有非营利性、正规性、组织性、互益性、独立性、自愿性、非反社会性。其中正规性与独立性被讨论较多。此外,马庆钰特别强调了非政府组织的非宗教性[4]。

2006年10月,党的十六届六中全会通过了《中共中央关于构建社会主义和谐社会若干重大问题的决定》,首次从国家战略层面提出了"社会组织"的概念,并指出"健全社会组织,增强服务社会功能。坚持培育发展和管理监督并重,完善培育扶持和依法管理社会组织的政策,发挥各类社会组织提供服务、反映诉求、规范行为的作用。发展和规范律师、公证、会计、资产评估等机构,鼓励社会力量在教育、科技、文化、卫生、体育、社会福利等领域兴办民办非企业单位。发挥行业协会、学会、商会等社会团体的社会功能,为经济社会发展服务。发展和规范各类基金会,促进公益事业发展。引导各类社会组织加强自身建设,提高自律性和诚信度"[5]。这是国内第一次用"社会组织"取代了以往的"民间组织"的表述方式,为社会组织在国内的规范运行指明了新的发展方向。2013年11月,党的十八届三中全会

---

[1] 谢遐龄.非政府组织在中国——几个概念和发展前景[J].吉林大学社会科学学报,2009(3):13-19.
[2] 张海军."社会组织"概念的提出及其重要意义[J].社团管理研究,2012(12):31-32.
[3] 赵晓芳.非政府组织的界定及其参与扶贫的战略分析[J].兰州学刊,2010(4):77-80.
[4] 马庆钰.对非政府组织概念和性质的再思考[J].天津行政学院学报,2007(4):40-44.
[5] 中共中央关于构建社会主义和谐社会若干重大问题的决定[EB/OL].(2006-10-18)[2016-06-05] http://cpc.people.com.cn/GB/64093/64094/4932452.html.

社会组织与贫困治理——基于组织个案的扶贫实践经验

通过了《中共中央关于全面深化改革若干重大问题的决定》,从创新社会治理体制的高度指出了激发社会组织活力的指导思想:"正确处理政府和社会关系,加快实施政社分开,推进社会组织明确权责、依法自治、发挥作用。适合由社会组织提供的公共服务和解决的事项,交由社会组织承担。支持和发展志愿服务组织。限期实现行业协会商会与行政机关真正脱钩,重点培育和优先发展行业协会商会类、科技类、公益慈善类、城乡社区服务类社会组织,成立时直接依法申请登记。加强对社会组织和在华境外非政府组织的管理,引导他们依法开展活动"[1]。从国家政策层面而言,社会组织的发展壮大有了更为坚实的制度保障,加之当前政府购买公共服务的职能拓展,社会组织必将迎来新的发展机遇。

基于当前我国社会组织的发展现状和国内多项研究成果来分析,笔者认为,社会组织的发展很大程度上受到社会发展的阶段的制约和国家政策的影响,对社会组织概念及实体界定需要随着时代和社会发展变迁而不断调整丰富,应该考虑到当前我国社会处于经济增长速度换挡期、结构调整阵痛期、前期刺激政策消化期"三期叠加"高速转型期的现实背景。因此,社会组织主要是指脱离于政府体制部门之外的人们以特定的兴趣爱好和共同目标组建的有规范章程的合法合规社会群体,社会组织的核心属性主要包括民间性、非营利性、公益性、专业性等,我国社会组织类型主要包括社会团体、基金会、民办非企业单位等。同时,考虑到在当前的扶贫开发实践过程中,企业也是重要的参与主体之一,很多地方都在实施"企业+农民合作社+农户"的企业带动贫困农户脱贫致富的减贫模式,本书也把企业的扶贫援助、公益慈善等扶贫开发行为列为社会组织参与贫困治理的范畴。

---

[1] 中共中央关于构建社会主义和谐社会若干重大问题的决定[EB/OL].(2006-10-18)[2016-06-05]. http://cpc.people.com.cn/GB/64093/64094/4932452.html.

第一章 绪 论

(二)文献综述

1.关于社会组织参与扶贫开发的优势研究

当前我国国内学者对社会组织参与扶贫的相对优势与作用研究不少,所取得的成果也有很多。总的来看,可以把社会组织参与扶贫的优势与作用分开进行论述。而社会组织参与扶贫的优势则主要从社会组织自身特性优势、项目特性优势两个维度分别进行阐述。

(1)关于社会组织自身优势研究。

社会组织的自身优势,实际上是与社会组织概念界定中"结构-功能"的几个特点密切相关的。即按照社会组织概念的界定要求其有一定的民间性、非营利性、公益性、专业性。

一是关于社会组织的民间性研究。社会组织发于民间,起于民间。不少学者都认为社会组织起于民间的特性能够使得社会组织真正地贴近群众,发挥政府不能起到的作用,弥补政府扶贫过于官方性和有限性的劣势。从扶贫的宏观路径上来看,如李青青认为,政府组织主要是在统筹全局的基础上解决普遍性的问题,通过自上而下的方式进行扶贫,非政府组织则是通过自下而上的方式来解决扶贫问题[1]。还有学者从我国当前存在巨大变化的扶贫形势出发,认为现在我国的贫困群体的分布不再是以面为主要特征,而是以点分布。在这种情势下,非政府组织更容易与一般民众群体沟通,从而获取最真实有效的基层信息[2]。而许源源等认为NGO(non-governmental organizations,非政府组织)在实施项目的过程中尽可能地发动了村民参与,与农民直接接触,扶贫效果明显[3]。可以说,针对社会组织扶贫的民间性研究大都认为社会组织比政府更亲

---

[1] 李青青.非政府组织在农村扶贫中的功能发挥[J].理论学习,2011(8):61-64.
[2] 李勇.论非政府组织在我国扶贫开发中的作用[J].内蒙古农业大学学报(社会科学版),2011(3):253-255.
[3] 许源源,邹丽.非政府组织农村扶贫:制度优势与运行逻辑[J].经济与管理研究,2009(1):125-128.

民，更能提升群众的参与度，也更能够获取基层的一手信息，能够达到精准"瞄准"的效果。

二是关于社会组织的非营利性研究。社会组织的非营利性主要是指组织不以营利为目的，或者说不能够对赢利进行剩余性分配。社会组织的非营利性经常被用来与政府、企业组织的营利性进行对比分析。因为扶贫工作的特殊性，所以非营利性能够在一定程度上决定社会组织在扶贫中的特殊属性及发挥的作用。例如，从人员构成及工作价值来看，张勇认为，非政府组织成员是为自己的理想、为实现自身的社会价值而工作，他们的工作是志愿性质的，常常是低报酬或无报酬的，这样的一种特征使得他们在工作时具有强烈的现实色彩[1]。而就规划项目与项目运行而言，社会组织在规划、实施项目时，目的是为了使当地老百姓的生活质量得到实际的提高，他们不需要做任何的面子工程、形象工程和政策工程[2]。另外，非政府组织注重的是项目给当地老百姓所带来的实际效果[3]。而且社会组织有提供公共物品的激励，可以与政府一道共同弥补市场带来的公共物品的不足[4]。应该说，社会组织的非营利性是其与政府、商业组织相区分开来的重要决定因素。其相对概定了社会组织的目标、旨趣、价值所在，也就相对规避了组织单位在营利状态下可能发生的道德风险和越轨行为，从而使得组织单位的行动不遵循利己原则，而是准确地把组织的目标、能力作用发挥在利他方面。

三是关于社会组织的公益性研究。社会组织的公益性也能称为利他性。在利他的内涵中，也相对包含着志愿性，志愿性主要指社会组织组成的基础以及工作氛围是带有自愿奉献的性质。不少学者认为，社会组织中的工作人员是基于共同的兴趣、目标和爱好自愿组成，工作人员之间没有

---

[1] 张勇.基于SWOT分析法的中国非政府组织扶贫模式探讨[J].桂海论丛,2011(3):74-78.

[2] 陈维佳.论非政府组织在扶贫领域的优势[J].贵阳金筑大学学报,2005(4):13-15.

[3] 王宏伟.发挥非政府组织在我国农村扶贫中的作用[J].经济师,2009(10):41-42.

[4] 万俊毅,赖作卿,欧晓明.扶贫攻坚、非营利组织与中国农村社会发展[J].贵州社会科学,2007(1):35-39.

第一章 绪 论

利益上的冲突,且具有为某一共同的公益性目标承担风险的理想和抱负[1],而且承担了那些政府管理和市场运营不宜顾及或者无效承担的责任,获得政府和企业无法获得的资源,不仅提高了服务质量,还降低了运行成本[2]。总的来说,社会组织的内部凝聚力相比于政府来说要更高,组织目标与个人目标能够相对具有更高的耦合度,这非常有利于社会组织的建设与运行。而且社会组织的公益性实际上是与非营利性相辅相成、互相作用的。因为公益性决定了其利他的属性,因而在扶贫中更能够达成一致的目标,不至于为了利己而产生分歧和冲突,进而维护了社会组织的目标和组织稳定性。

四是关于社会组织的专业性研究。社会组织整体上相对于政府专业性更强,开展项目的技巧与专业理念都是政府扶贫不可比拟的。专业性能够使得扶贫的质量更高、效果更好、成果更持久显著。其中,从人员配置上看,非政府组织人员配备更专业,他们通常是某一领域的权威人士和精英人物,或拥有一定的特长或专业知识技能[3]。从项目建设上看,非政府组织在做每一个项目的前期、中期和后期时都会花大量的时间对项目的可行性进行调研,与项目的参与者进行平等的交流,了解他们真正所需要的,而且在项目的规划上,非政府组织总是鼓励项目的参与者自己做出规划,因为他们相信只有项目的参与者才真正了解自己的情况。这种平等的、互动的并且以参与者为中心的工作方式,使其能够与当地的村民迅速建立起相互信赖的关系[4]。而且非政府组织能够更直接和有效地针对不同地区、不同人群、不同贫困层的不同问题开展具体的、有针对性的扶贫活动[5]。所以,从社会组织参与扶贫的专业性来看,社会组织在整个实施的过程中,具有明晰的流程,并且每个流程都兼具一定的专业技术手法,以进行标准的衡

---

[1] 李菊兰.关于非政府组织扶贫方式的探讨[J].陕西农业科学,2008,(3):188-191.
[2] 李青青.非政府组织在农村扶贫中的功能发挥[J].理论学习,2011(8):61-64.
[3] 刘清荣,程文燕.新时期NGO扶贫模式的SWOT分析[J].老区建设,2012(10):13-17.
[4] 陈维佳.论非政府组织在扶贫领域的优势[J].贵阳金筑大学学报,2005(4):13-15.
[5] 王宏伟.发挥非政府组织在我国农村扶贫中的作用[J].经济师,2009(10):41-42.

量,特别是针对性以及准确性较高的可行性调研,这是政府的能力难以达成的。

(2)关于社会组织的扶贫项目优势研究。

一是关于社会组织扶贫项目理念研究。我国长期以来的扶贫理念是政府投资金、投项目往往对贫困群众进行"帮助",只注重输血而不是造血。而近年来的参与式扶贫等众多新扶贫理念逐渐被提出和倡导,出现逐渐代替旧有扶贫理念与模式的倾向。有的研究者认为NGO的理念先进,因其秉承的认识是"贫困是因为缺少权力而不是金钱,穷人绝不是等待食品和饮料的供给,应当把他们看作是被无权、无资格、无工资和无政治影响力所困厄的公民,赋予穷人更多的权力是消除贫困的条件"❶。这就为我国长期以来的政府主导扶贫注入了新的观念和血液。同时,有研究者认为促进贫困地区社会内生力量很重要,如侯国凤等用实践经验证明,通过建立贫困地区群众互助合作机制,促进了贫困群体内部以及和非贫困群体之间的相互信任和合作,有效扩大社会支持网络,培育当地社会资本❷。另外,一些新扶贫理念和具体模式也得到了肯定和验证。例如,招工扶贫采输血式扶贫和造血式扶贫的二者之长,并融合了信息扶贫、智力扶贫、观念扶贫、自强扶贫等多种先进的扶贫理念,在不少地区取得了明显的减贫效果。

二是关于社会组织扶贫项目的灵活性及专业性研究。由于项目规模比较小,NGO面对的对象比较少,NGO的扶贫工作更能有效地瞄准贫困群体❸。对于服务产品的多元化与个性化,有研究者认为人们对公共物品的需求是多元的,不同的人对于社会需要的公共物品的种类、数量和质量的要求不一,而单纯依赖政府提供公共物品很难兼顾具有不同利益诉求的不同群体的需求,因而社会组织作为一个能够提供整体的公共物品来可以满足需求者的不同偏好,尤其是能够满足需求特殊人群和需求较高人群的利

---

❶ 刘效东.农村扶贫中非政府组织的作用[J].青岛远洋船员学院学报,2006(4):64-68.

❷ 侯国凤,戴香智.社会组织参与农村扶贫的优势与瓶颈——基于社会政策视角的分析[J].中国集体经济,2012(1):14-15.

❸ 匡远配,汪三贵.中国民间组织参与扶贫开发:比较优势及发展方向[J].岭南学刊,2010(3):89-94.

第一章 绪 论

益诉求[1]。而且非政府组织在做每一个项目的各个关键时期都会花必要的时间针对项目的可行性进行调研,与项目的参与者进行平等的交流,了解他们真正所需要的,而不是一种想当然的臆断[2],这些必要的调研是社会组织达到"精准扶贫"效果的保证。另外,从资金投入上看,有学者通过统计分析认为,社会组织扶贫单个项目比较专一,虽然资金量比较小,但是其人均投资资金要远远大于政府扶贫的人均投资资金,而且从全国范围来看资金规模大小可观。

总的来看,社会组织的四个自身特性优势是在与政府、市场进行比较中凸显出来的。社会组织扶贫项目的优势在于更为合理和适时创新的扶贫理念、更具针对性的操作方法、提供更加多元化的专业社会服务。而且社会组织具有更灵活、机动性更高的组织架构和项目设计,这些都是社会组织在扶贫中相对于政府更容易取得成效的保证。因而这些特点和优势也是未来社会组织在扶贫领域发展需要重点关注和建设的能力。但是从当前的研究中来看,还略有不足。研究过多地在探讨社会组织在扶贫中的优势,但是却没有顾及不同类型、背景、大小、规模的社会组织在参与扶贫中会具有怎样不同的优势,而且当前我国社会组织实力大小分布差异很大,并不是每一个社会组织都具有相应的优势,相反很多社会组织受制于自身及社会的发展,并没有能够呈现出相应的优势。

2.关于社会组织参与扶贫开发的局限性研究

我国社会组织从萌芽阶段到之后的"野蛮式增长",从不规范到逐渐规范,已经高速发展了30多年的时间。当前我国的社会组织数目已经突破60多万,《公益慈善报》记者权敬做过数据统计:"截至2015年年底,在各级民政部门登记的社会组织共有661861个,其中民办非企业单位329122个,比上年增长约12.6%,民办非企业单位发展非常迅速,已经占据我国社会组织

---

[1] 万俊毅,赖作卿,欧晓明.扶贫攻坚、非营利组织与中国农村社会发展[J].贵州社会科学,2007(1):35-39.

[2] 陈维佳.论非政府组织在扶贫领域的优势[J].贵阳金筑大学学报,2005(4):13-15.

11

的半壁江山,而2001年年底这个数据仅仅为8.2万个。与此同时,民办非企业单位的发展和管理已进入法制化、规范化轨道"[1]。但是从整体上看,我国大部分的社会组织实力较弱,筹资能力差、专业化水平不足、行政化严重、相关法律法规不健全是我国社会组织参与扶贫工作的主要阻碍因素。

(1)关于社会组织资金来源和筹资能力研究。

首先,资金来源比较匮乏和单一。有研究指出民间组织最初都由政府创立,这些组织的资源几乎都来自政府。而且在扶贫资金的筹集上,对财政拨款和财政补贴的依赖较强,资源动员能力较差的现象普遍存在[2]。其次,社会组织社会化筹资渠道不足。有学者通过实际数据证明当前我国社会组织筹资能力不足。曲天军通过调查分析认为社会捐赠水平非常低[3],仅为年GDP的0.1%左右。而美国近年慈善捐赠达到GDP的9%。可以说当前研究中,一致认为我国社会组织的资源来源渠道单一,而且资金总量不高。这不仅存在社会认知度不高、市民意识仍未相对建立的问题,也存在政府的支持力度与主动发展意识不强的原因。而这些原因是社会组织资金来源单一,筹资能力不强的主要外部发展环境影响因素。

(2)关于政府给予社会组织的扶持政策研究。

从国外发达国家社会组织发展的经验来看,发达国家政府从多方面给予社会组织支持,并且具有较强的执行度。但是我国政府能够给予的扶持相比下就显得较少,且执行度不高。例如,《中华人民共和国公益事业捐赠法》从颁布到现在已经过去16年,但与之配套的政策、一些具体的实施细节至今尚未出台,原先所规定的捐赠优惠政策没有得到相应的落实。而且政府的扶持在分布上呈现不平衡的状态,因为扶贫社会组织大多为本土"草根"社会组织,规模比较小,实力比较弱,没有什么背景,因此在政府"购买服务"的过程中,本土"草根"社会组织竞争能力都不是很强,难以享受政策

---

[1] 权敬.社会服务机构已占据我国社会组织半壁江山[EB/OL].(2016-04-18)[2016-06-05].http://news.xinhuanet.com/gongyi/2016/04/18/c_128905397.htm.

[2] 刘清荣,程文燕.新时期NGO扶贫模式的SWOT分析[J].老区建设,2012(10):13-17.

[3] 曲天军.非政府组织对中国扶贫成果的贡献分析及其发展建议[J].农业经济问题,2002(9):27-30.

第一章 绪 论

优惠[1]。

（3）关于社会组织人才建设研究。

首先是人才结构不平衡，综合水平不高，工作人员的专业、来源参差不齐。很多非政府组织吸纳机关事业单位的下岗人员、离退休人员等，其人员专业素质不高，缺乏相关的专业知识和技术，缺乏奉献精神和创新精神[2]。其次NGO也没有为工作人员、员工、志愿者提供职业发展的正常生涯[3]。由于NGO难以吸引到高水平专业人才，更难以承担其高额的工资待遇，导致其内部员工素质参差不齐，流动性过快，结构不稳定，影响整体运作水平的提升[4]。另外资金的缺乏也导致专业能力建设不足而导致能力的低水平，满足多元化服务的能力也不足[5]。总的来看，研究中都提到了当前我国社会组织的人才发展处于困境之中，这当中有着多方面的表现，如人员参差不齐、专业性差。其原因和影响因素也是多方面的，与社会组织的内、外部环境都有着较大的关系。

（4）关于社会组织相关法律法规研究。

首先是准入制度的问题。在2013年社会组织登记制度改革之前，我国社会组织注册的重要条件之一就是需要登记的社会组织必须有政府的一个业务主管单位向民政部做担保。所以，许多社会组织被迫选择工商注册的形式，甚至不少社团并没有进行相应的注册和登记[6]。但是这一问题在2013年得到了解决，2013年《国务院机构改革与职能转变方案》的颁布，明

---

[1] 侯国凤,戴香智.社会组织参与农村扶贫的优势与瓶颈——基于社会政策视角的分析[J].中国集体经济,2012(1):14-15.

[2] 谭国志,王远少.非政府组织在农村发展中的角色研究——以W组织在广西扶贫为例[J].学会,2010(4):16-22.

[3] 匡远配,汪三贵.中国民间组织参与扶贫开发:比较优势及发展方向[J].岭南学刊,2010(3):89-94.

[4] 李国安,郭庆玲.民间组织参与扶贫的意义、障碍与实践路径[J].人民论坛,2014(17):33-35.

[5] 匡远配,汪三贵.中国民间组织参与扶贫开发:比较优势及发展方向[J].岭南学刊,2010(3):89-94.

[6] 侯国凤,戴香智.社会组织参与农村扶贫的优势与瓶颈——基于社会政策视角的分析[J].中国集体经济,2012(1):14-15.

确要求符合规定的社会组织可直接向民政部门依法申请登记,不再需要业务主管单位审查同意。这一要求宣告了我国社团双重管理体制的终结,为我国社会组织发展清除了一个障碍。其次是立法不足、不规范的问题。当前我国有关社会组织管理的条例大部分是分散存在于各类法规政策中,仍然没有形成专门的法律体系,难以满足新形势下农村扶贫的要求[1]。这难免使得相关的规定不成体系、权威性与严谨性不足。而且当前我国仍处于社会主义初级阶段,仍基本属于"大政府、小社会"的格局之下,民间社会发展不成熟,公众对社会组织的认知度不高[4]。

(5)关于社会组织独立性研究。

首先是民间性的异化,如匡远配认为,NGO"民间性"的异化,成为"第二政府",NGO丧失协助扶贫开发工作的功能,反而为政府所累,甚至成为政府的负担[2]。而且在我国现有的官僚体制中,许多社会组织的产生都源于政府自上而下的制度安排,或者是在政府行政性任务的要求和安排下成立的,运行过程中与政府的关系密切,难以拥有自主性[1]。以上的研究反映当下我国社会组织面临的一个困境,即要求独立性又难以脱离政府的管控和干预,政府与社会组织的关系经常纠缠不清,社会组织的"民间性"成为泡影。

(6)关于社会组织在扶贫实践中面临的具体问题研究。

对于社会组织在具体实践中出现的问题,学者们讨论较少,因此这方面的研究成果显得比较单薄。如郭佩霞通过对政府购买NGO服务的过程机制进行探讨,分析购买项目中存在的诸多问题与实施障碍,她认为应当整合竞争、激励、互动与制衡四个治理机制[3]。此外,有学者以江西省可持续发展促进会为个案,探讨政府与NGO在村级扶贫的技术方法、效益、问题局限,发现合作扶贫中项目综合效益远远高于政府单一主导的扶贫项目。

---

[1] 张勇.基于SWOT分析法的中国非政府组织扶贫模式探讨[J].桂海论丛,2011(3):74-78.

[2] 匡远配,汪三贵.中国民间组织参与扶贫开发:比较优势及发展方向[J].岭南学刊,2010(3):89-94.

[3] 郭佩霞.政府购买NGO扶贫服务的障碍及其解决——兼论公共服务采购的限度与取向[J].贵州社会科学,2012(8):94-98.

第一章 绪 论

但项目实施中仍然存在一定的问题:投资单一性、瞄准存在偏差、推广应用成本高[1]。对于这块研究来说,学者大多从整体、宏观取向的视角对社会组织参与扶贫的局限性进行探讨,没有能够契合社会组织实践当中去探讨出现的问题,从而显得应用效果不足。

总的来说,当前我国社会组织参与扶贫的局限性及限制性因素与当前社会组织的发展状况有着紧密的联系。而且这些限制性因素并不是单一存在的,而是相互制约影响,进而对社会组织参与扶贫产生不良的限制性作用。而且在不同类型、不同规模的具有扶贫功能的社会组织中,每个阻碍因素呈现的程度与种类也不尽相同。但是这些限制性因素都呈现出了浓厚的中国民间组织发展的特征。因而在把握和采取措施时不能够简单地将其分离开来。当前研究对我国社会组织扶贫中出现的问题大体上也代表着社会组织总体在参与我国社会治理中遇到的问题。但是没有相应的针对社会组织参与扶贫中具体出现的、与扶贫相关的问题进行更多的探讨。

3．关于社会组织与政府合作扶贫关系研究

(1)关于社会组织与政府扶贫合作的必然性和必要性研究。

对于社会组织与政府在扶贫中合作的必然性,大多研究都是基于合作能够带来的多元利益进行探讨。例如,李国安等认为,政府与社会组织合作扶贫有必要是因为能够整合资源、实现优势互补[2];而一些学者如武继兵[3]、朱俊立[4]等认为政府与社会组织合作扶贫能够助力政府职能转型、为社会组织自身发展提供发展机会。一些学者也都提倡和呼吁,政府与社会组织在扶贫领域多进行合作。而且不少学者认为,政府与社会组织合作时

---

[1] 郭佩霞.政府购买NGO扶贫服务的障碍及其解决——兼论公共服务采购的限度与取向[J].贵州社会科学,2012(8):94-98.

[2] 李国安,郭庆玲.民间组织参与扶贫的意义、障碍与实践路径[J].人民论坛,2014(17):33-35.

[3] 武继兵,邓国胜.政府与NGO在扶贫领域的战略性合作[J].理论学刊,2006(11):57-58.

[4] 朱俊立.政府向慈善组织购买村级扶贫服务研究[J].广东商学院学报,2013(1):88-96.

社会组织应该厘清与政府的关系[1],还应该注重社会组织自身能力与管理的建设[2]。总的来看,研究者支持社会组织与政府在扶贫领域进行相关的合作,因为双方的合作能够给贫困地区、社会组织、政府三个扶贫主体带来一定程度的利益。但是,社会组织与政府合作的关系以及模式如何,是需要探讨的问题。

(2)关于社会组织与政府扶贫合作关系的问题研究。

关于政府与社会组织合作扶贫的模式,钮莹菡[3]、陈立栋[4]认为,目前合作的模式有两种:①自上而下,包括政策体系、扶贫资金体系、对 NGO 规范管理等;②自下而上,包括服务式扶贫、参与式扶贫。政府与社会组织的四种合作模式为平行合作模式、咨询模式、监督模式、交流模式。关于相关模式的探讨研究比较有限,并没有专门针对实际的合作模式进行相应的实证性研究,也未能探讨不同合作模式类型的优势和劣势。

虽说不少学者极力倡导政府与社会组织在扶贫中的合作,但是在实践中,政府与社会组织的关系经常纠缠不清,一些问题仍需要理清。一些学者认为,应该分析清楚政府与社会组织在合作中的定位[5]。也有学者认为,政府与社会组织的合作应该是对接式而不是交叉式,社会组织应当作为政府功能的补充,或为完成政府做不到、效率低的任务而存在,否则达不到优化资源配置的效果。因此政府与社会组织应当是排序博弈而非零和博弈[6]。此外,蔡科云还认为,当前我国政府与社会组织合作扶贫滞后的原因有三:政府与社会组织权力结构失衡、政府与社会组织扶贫权责的配置不对等、政府与社会组织扶贫靠行政解决纠纷。为此,他从法律法规层面提

---

[1] 王飚.非政府组织与农村贫困的消除[J].海南大学学报(人文社会科学版),2009(3):262-265.

[2] 陈龙.中国非政府组织发展与扶贫工作[J].科技创业月刊,2006(10):96-98.

[3] 钮莹菡.政府扶贫与 NGO 扶贫的比较[J].郑州航空工业管理学院学报(社会科学版),2007(6):187-190.

[4] 陈立栋.政府与 NGO 合作扶贫路径取向探析[J].洛阳师范学院学报,2012(4):37-41.

[5] 匡远配,汪三贵.中国民间组织参与扶贫开发:比较优势及发展方向[J].岭南学刊,2010(3):89-94.

[6] 蔡科云.政府与社会组织合作扶贫的权力模式与推进方式[J].中国行政管理,2014(9):45-49.

出,应当建构和完善法律治理机制,包括签署合作扶贫的关系框架协议、强化督查与督察、落实合作扶贫的司法审查[1]。另外,不少学者提出,社会组织的行政化其实是合作关系中,政府的主导过度形成的。而对于社会组织与政府关系的发展历程变化,匡远配等[2]和黄承伟等[3]认为,政府应当在社会组织发展逐渐成熟时,渐渐退出对社会组织的直接管理,与社会组织保持服务者或监督者的角色关系。可以说,当前研究普遍认为,政府在合作扶贫的关系中占据了主导地位,但是过多的主导和渗透一定程度上影响了社会组织的自主性,同时又因为相关的规定不完善,使得政府与社会组织各自应当承担的角色和义务不明晰,且履行的责任存在一定程度的交叉。

4. 关于社会组织参与扶贫的项目运行机制研究

社会组织运行及项目管理的机制、问题、效果的研究成果相对较少,成果不多,研究成果与研究方向都尚未成为一个体系,仍有许多值得研究和发掘的地方。在这一部分研究中,研究者针对社会组织扶贫项目的运行进行分析研究,包括各类机制、运行问题、项目成效等,提供了一个微观考察社会组织扶贫的视角。例如,郑光梁讨论了社会组织扶贫项目的运行机制、扶贫对象瞄准信息管理传递机制、项目管理机制、监督机制及交流合作机制,认为当前政府与社会组织形成了新型的竞争-合作关系,应该正确把握对待[4]。类似地,有学者认为,社会组织应该通过创新项目设计带动企业、基金会、科研机构多方联动整合资源。此外,应该把政府支持与农户发展相结合,落实农户在扶贫中的主体地位。而且社会组织依靠协调、动员、

---

[1] 蔡科云.论政府与社会组织的合作扶贫及法律治理[J].国家行政学院学报,2013(2):33-37.

[2] 匡远配,汪三贵. 中国民间组织参与扶贫开发:比较优势及发展方向[J].岭南学刊,2010(3):89-94.

[3] 黄承伟,刘欣.本土民间组织参与扶贫开发的行动特点及发展方向——以贵州省某民间组织为例[J].贵州社会科学,2015(1):157-162.

[4] 郑光梁,纪占武.论中国非政府组织的扶贫机制建设[J]. 辽宁工程技术大学学报(社会科学版),2007(1):55-57.

倡导的资源动员机制扩大了资源的筹集渠道,在社会组织与捐助人之间建立了代理关系,从而能够将社会组织置于社会的监管下[1]。

也有学者从对象选择、资源投入、监管、评估来分析社会组织扶贫项目运行机制,认为当前项目评估机制不够健全[2]。也有的学者从项目投入、项目产出、后续管理三个方面构建了10个指标对参与式扶贫进行实证分析。通过分析认为,扶贫投入应该向小型生活基础设施建设倾斜,挖掘生产类项目潜力[3]。关于项目管理中的现实性研究,杜旻以一个扶贫项目为个案,发现项目中的瞄准机制设计不当,导致了部分最贫困的人群无法参与到项目中来;而且项目执行过程中监管不力,项目执行中"裙带关系"与一些人情问题成为项目实施的"潜规则",造成了一些扶贫对象"被边缘化";另外,群众容易对组织或项目产生依赖性,不利于可持续发展;同时项目实施前调查不全面,或项目设计与外部环境不协调导致项目失败[4]。

可以看出,这部分研究针对的是社会组织在具体扶贫实践中的项目机制是如何运行发展的,提供了有效的经验,具有很强的经验指导性。而且笔者认为,对于具体的扶贫实践来说,经验性较强的社会组织参与扶贫研究是重点,也是核心,能够对实践提供具体的经验指导。但是当前的许多研究大多从宏观、宏大的视角对社会组织参与扶贫进行分析,缺乏了具体性和经验性。

---

[1] 王家义.非政府组织(NGO)在扶贫中的作用[M]//罗中枢.西部发展评论.成都:四川大学出版社,2007:171-180.

[2] 许源源,邹丽.非政府组织农村扶贫:制度优势与运行逻辑[J].经济与管理研究,2009(1):125-128.

[3] 张海霞,庄天慧.非政府组织参与式扶贫的绩效评价研究——以四川农村发展组织为例[J].开发研究,2010(3):55-60.

[4] 杜旻.NGO扶贫项目中的管理问题对实施效果的影响——对宁夏泾源项目的调查[J].开发研究,2006(6):19-22.

第一章 绪 论

(三)已有社会组织参与贫困治理研究的不足

1. 研究的角度集中于宏大的理论研究,对于微观的经验研究不足

当前我国社会组织扶贫的相关研究角度不多,大多集中从比较宏观层面探讨社会组织参与扶贫的优势、特点、局限,以及部分专门针对社会组织扶贫的一些机制、方式等操作层面的微观经验研究。总的来看,研究的视角比较单一,过多集中于宏观的探讨,对微观的研究较少。这导致了研究的具体性与操作性略显不足,因而许多研究对扶贫实践具体层面的指导意义略显不够。

2. 社会组织参与扶贫开发的实证研究过少

当前有关社会组织扶贫的研究大多集中于用质性方法进行探讨,实证性的研究明显不足。少有研究专门针对社会组织扶贫的运行机制效率、内在的扶贫机理进行实证性的分析研究;也少有研究把不同的扶贫因素进行量化,探究其与其他变量的相关程度。这些实证研究的缺乏使得一些研究的说服力不足、指导方向不够精确和明细。

3. 社会组织参与扶贫开发的重复性研究过多

许多学者对重复的内容又进行重新整理,得出与前人研究相近的观点。因此,有相当一部分研究实际上是不必要的,这些重复的研究浪费了时间,也浪费了资源。而且多有研究主要集中在社会组织参与扶贫的一般属性、性质的讨论上。这容易使得研究结果流于表面,这也是米尔斯认为的经验形式主义研究。

4. 社会组织参与扶贫开发的政策性建议操作性不强

当前不少研究中都相应地提到了政府、社会、社会组织三个方面应该从什么方面进行努力,以合力协助社会组织在扶贫领域的发展。但是大部分政策建议的同质性过强,显得众多政策建议没有创新性。并且多从宏观的层面提出政策建议和发展路径,少有研究从微观、实践和经验的层面对社会组织扶贫发展提出相关建议。

(四)社会组织参与贫困治理研究的主要趋势

1. 社会组织参与精准扶贫的减贫绩效研究

社会组织自身特有的民间性、灵活性、专业性、非营利性以及功利性决定了其扶贫行为与政府必然存在不同。而且民间性与灵活性让社会组织在扶贫时具有政府无可比拟的优势,能够更详细、更准确地把握贫困地区群众的准确需求,实现精准扶贫的作用。精准扶贫是贯彻我国未来五年内扶贫攻坚的重要思想理念和手段,而社会组织因其自身的特点具备了与精准扶贫理念能够有效融合衔接的基础。因此,在未来的研究当中,应当尝试利用社会组织的特点和优势,开发培养社会组织在扶贫开发中发挥精准扶贫的能力和效果。

一是社会组织参与扶贫的精准性研究。尝试从社会组织扶贫的项目机制入手,探讨其扶贫项目中的精准识别机制、精准帮扶机制、精准管理机制、精准考核退出机制的内在机理以及效果,分析其中的机制特点、借鉴意义及改进方式。更详细来说,探讨社会组织在扶贫中是如何提高瞄准度的、其识别工作的机制和特点是什么、其具有高识别率的原因是什么、其问题存在哪里。还可以探讨社会组织扶贫项目的精准安排是如何实现的、其项目设计与安排的理念与技巧是什么。对于精准帮扶,可以研究社会组织是如何把项目资源与扶贫对象进行精准对口连接的、其工作特点在什么地方。在社会组织的项目中探讨其精准管理的机制,考察其动态管理的能力特点与技巧。

二是社会组织参与精准扶贫的途径研究。可以结合社会组织扶贫与精准扶贫的"五个一批"渠道进行探讨研究。例如,其中的"通过扶持生产和就业扶持一批""生态保护脱贫一批""通过教育扶贫脱贫一批",这三个渠

第一章 绪 论

道的官方性不如"异地搬迁""低保政策兜底"两个渠道那么强,因此政府能够尝试在这三个渠道的扶贫项目执行中,适当地把一些职能任务交由一些社会组织来承担。而研究者可以针对这些具体的渠道,探究社会组织介入这些扶贫项目中的模式和途径。

2. 社会组织参与精准扶贫项目的高效运行机制研究

我国这些年来有关社会组织扶贫的研究过多地集中于对宏观性、整体性、系统性问题的探讨和政策建议提出,但是对于社会组织在扶贫实践中的微观研究过少。因此,应该在未来的研究中,重点抓住社会组织参与扶贫实践中的具体项目以及操作机制的微观分析和研究。具体来说,可以探讨社会组织在扶贫中所采取的理念,筹资的方式创新、项目执行的设计对效果的影响、项目管理的技巧,以及最后项目效果评价体系的研究。

一是社会组织扶贫项目的资源筹集方式研究。例如,与市场企业的合作、公益互联网众筹等新方式都是未来社会组织动员社会资源扶贫的重要渠道和方法。社会组织的资源来源渠道是社会组织参与扶贫发展的持续性保障,因此有必要针对社会组织扶贫的多元渠道开拓进行相关的研究。从具体的经验、实践,发掘有益于结合扶贫筹资的社会组织筹资新模式。而且还可以尝试打破旧有的界限,把市场企业相对纳入社会组织筹资的范围中,以合作的方式为主,尝试如电商扶贫此类的多元扶贫合作模式,从而跳出筹资方单一的困境。

二是社会组织扶贫项目执行中的方法设计研究。①扶贫项目对象瞄准机制的方法设计,主要涉及用哪些方法才能够识别出贫困人口,并把扶贫资源更有针对性地分配到瞄准对象,主要解决扶贫项目的精准输出问题;②社会组织扶贫项目执行的方法设计研究,包括对识别出的贫困人口享有扶贫项目的机会和贫困人口的项目参与动员设计等,主要解决扶贫项目精准帮扶问题;③扶贫项目的动态管理设计问题,包括扶贫项目的财务收支情况、项目执行进度情况等扶贫项目实施过程中的动态管理,主要解决扶

21

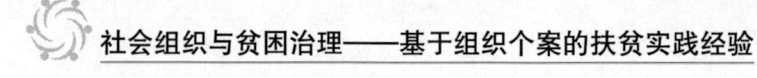

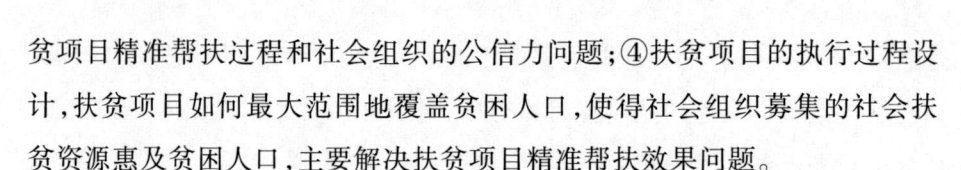

贫项目精准帮扶过程和社会组织的公信力问题;④扶贫项目的执行过程设计,扶贫项目如何最大范围地覆盖贫困人口,使得社会组织募集的社会扶贫资源惠及贫困人口,主要解决扶贫项目精准帮扶效果问题。

三是对社会组织扶贫项目效果的评价及评估方法研究。当前有关社会组织扶贫项目成果的效益评价研究不多,并且没有建构起一个比较完善的扶贫成效评价指标体系,因此,对于社会组织扶贫的效果缺乏一个科学客观的评价,这就使得在如何提高社会组织扶贫工作上缺乏一个指导的方向。因此,可以加强对社会组织扶贫评估方法和技术的研究,探究一个合理的评价机制体系,弥补原来政府扶贫评价少、不注重成效的弊端。

3. 深化政府与社会组织的精准扶贫合作互助关系研究

社会组织在我国的扶贫工作按照资金及技术来源主要可以分为三种类型。一是政府把一些扶贫项目进行外包,通过服务购买的方式承包给一些社会组织;二是社会组织运用自身筹集的资金和项目资金专门针对一些地区和人群开展一些扶贫项目;三是外资扶贫,由国际性NGO出资,与扶贫办等单位合作进行扶贫。由于我国政府长期以来行政性强,主导了大部分国家与社会事务,因此,在实际扶贫中,政府对社会组织有着比较明显的行政性干预、诱导性、程序化性。在合作中出现了政府与社会组织的关系责权不明确,政府存在干预过多以及责任失位的问题。对于政府与社会组织在扶贫中的关系,在未来可以多探讨双方在扶贫工作中如何协调相互的关系,以及双方应该承担的角色和相应的责任。探索社会组织去行政化的改革方向,并且可以多提出一些具体的调整政府与社会组织关系的措施和办法。

其一,多元多主体的精准扶贫合作模式研究。当下参与我国扶贫的社会组织的主力是一些规模较大、实力比较强大、具有一定官方背景的大型社会组织。而许多小型的社会组织贡献的力量较为有限。因此,在未来的

第一章 绪 论

研究和发展中,可以探讨大型的社会组织与中小型的社会组织以及政府多方的扶贫合作机制,实现大型社会组织与政府带动小型社会组织共同参与扶贫。

其二,拓展政府购买社会组织扶贫项目研究。当前,我国政府与社会组织进行合作的一个途径是通过政府购买服务的方式,将相应的资金交由社会组织进行操作实施。但是,在具体的实施过程中也遇到了许多限制,如购买法规的不足及购买体系的不健全造成的衍生问题,以及在具体操作中政府与社会组织的权责不清问题。笔者认为,这些问题的探讨和解决措施的研究,将是未来社会组织扶贫研究的一个发展趋势。因为扶贫也是一项公共服务,通过政府购买的形式能够大力地推动社会组织参与扶贫的发展,而且社会组织想要参与扶贫,与政府的联系和沟通合作是必不可少的。如何厘清双方的权责关系、找到最能够有利于扶贫工作发展的双方合作关系是未来五年内我国成功实现农村人口全面脱贫的保证。

总的来看,笔者认为社会组织将会在国家脱贫攻坚战和全面建成小康社会的各个领域发挥更为重要的作用和贡献。而社会组织也必将在中国的贫困治理当中发挥中流砥柱的作用,利用其自身的优势和特点,与政府合作互助,协调资源,优势互补,从而发挥更大的扶贫功效。对于相关的理论发展也必然随着时代的发展而变化,未来我国社会组织扶贫研究的开展必然离不开三大方面:一是结合精准扶贫理念,在社会组织参与扶贫中开发探索精准扶贫的路径;二是从微观的视角对扶贫开发工作的机制进行把握,掌握扶贫实践中的技术方法;三是厘清政府与社会组织在扶贫中的权责关系,实现资源优势互补、共济发展。而且社会组织作为国家治理的新模式和新主体,其未来的发展潜力不可小觑。从国家层面来看,政府应当从多个方面扶持和鼓励更多的社会组织参与到扶贫工作中来,同时社会组织应该结合精准扶贫探讨和开发扶贫的新模式,提升自己的专业性、独立性、自愿性。

四、研究思路及研究方法

(一)研究思路

本书将选取社会组织参与贫困治理行动中对区域社会减贫事业和区域经济社会产生显著影响的具有代表性的社会组织进行抽样调查研究,总结、对比、提炼中外社会组织在提高贫困人口自我发展能力和推进农村减贫与农村贫困治理中的作用,进而提出社会组织参与贫困治理与国家扶贫政策优化有效衔接的政策建议,以推进社会组织参与贫困治理体制创新,充分发挥出社会组织在国家推进精准扶贫精准脱贫战略中的减贫作用,激发不同类型社会组织潜能,助推国家完成脱贫攻坚战的全面脱贫任务。

(二)研究方法

1. 文献研究法

系统梳理和分析社会组织概念界定、社会组织参与扶贫开发的优势研究、社会组织参与扶贫开发的局限性研究、社会组织与政府合作扶贫关系研究、社会组织参与扶贫的项目运行机制研究等方面的学术文献,全面了解当前社会组织参与贫困治理的研究现状,预估未来的主要研究趋势。

2. 案例研究法

全面总结、剖析不同类型社会组织参与广西贫困治理的典型个案。本书将重点分析中国民主建国会广西壮族自治区委员会社会服务部、柳州钢铁集团、广西强荣爱心基金会、皇氏集团股份有限公司、广西佛教济善会、南宁青少年健康服务学会、八桂义工协会、广西众益社会工作服务研究中心等广西区域内社会组织在基础设施、文化教育、产业开发、扶贫培训、赈灾救助、扶贫对象与区域社会自我发展能力建设等方面的扶贫实践经验。

第一章 绪 论

3．对比研究法

对比分析不同类型社会组织参与广西贫困治理的主要做法、扶贫领域、作用效应、发展策略等,以促进社会组织在脱贫攻坚新阶段发挥出更大的经济社会贡献力。

第二章 民建广西区委会社会服务部的贫困治理实践

一、民建广西区委会社会服务部简介

中国民主建国会(简称"民建")是主要由经济界人士组成的、具有政治联盟特点的、致力于建设中国特色社会主义事业的政党,是中国共产党领导的多党合作和政治协商制度中的参政党。中国民主建国会广西壮族自治区委员会(简称"民建广西区委")社会服务部作为民建广西区委的职能部门,是民建广西区委进行社会服务的枢纽,主要是通过引进社会慈善机构和动员企业界会员捐助,并把各类捐助应用于广西少数民族地区实施石漠化治理、封山育林、坡改梯、水利灌溉、危校重建、重返校园、技术培训、卫生室建设、小额信贷、有机农业建设、教师培训、福利院建设、村道建设、人畜饮水工程、沼气池建设、妇女培训、民族文化保护发展、弱势群体关怀、抗灾减灾等领域的帮扶。民建广西区委会社会服务部的扶贫工作,不仅仅是资金、技术、物资等方面的大力帮扶,更重要的是其在动员社会各界力量、组织民间公益团体参与的扶贫模式,以及生态扶贫、以人为本参与式的扶贫理念,坚持尊重贫困地区广大农户主体地位,注重激发当地干部群众内在活力,为民主党派和社会组织扶贫工作开展提供了参照,是政府精准扶贫、精准脱贫工作的有力补充与延展。民建广西区委会社会服务部通过扶贫项目惠泽贫困人口,为广西的民族团结进步事业做出了贡献。如在2015年,民建广西区委会社会服务部紧紧围绕广西壮族自治区新一轮扶贫开发工作重心实施精准扶贫,加强与民建中央、中华思源工程扶贫基金会、民建上海市委会联系,从各种渠道募集资金用于广西的精准扶贫项目,进一步提高了服务社会的能力和水平。同时,通过民建广西区委会社会服务部精准扶贫项目实施,也扩大了民建广西区委会在地方的影响力,拓展了民主党派参政议政和参与社会服务的能力与渠道。

二、民建广西区委会社会服务部参与贫困治理的实践经验

近年来,民建广西区委会社会服务部充分认识新时期我国扶贫工作特点和要求,将密切联系经济界的特色和优势与百色市扶贫工作实际相结合,将百色市大石山区作为扶贫工作重点,2001年以来累计实施扶贫项目80项,投入资金达8400多万元人民币,促进了百色市贫困地区经济社会实现又好又快发展,使各族贫困群众生产生活有较大改善,脱贫致富和自我发展能力得到明显加强。由于定点扶贫工作成绩显著、特色突出,百色市广大干部群众对民建广西区委会社会服务部工作给予了高度赞扬和积极评价。同时,民建广西区委会社会服务部先后被评为"全国各民主党派、工商联、无党派人士为全面建设小康社会做贡献社会服务优秀成果""民建中央社会服务工作先进单位""科技部星火科技先进集体""广西扶贫开发2001-2010年先进单位"等荣誉称号。2012年初,广西壮族自治区政协主席陈际瓦在走访调研民建广西区委会时充分肯定了社会服务部工作成绩,并挥毫题词"建言践行——有感于广西区民建生态教育移民丰硕成果"。

(一)整合内外资源、拓展定点扶贫新领域

一直以来,社会组织参与定点扶贫工作的最大困难在于资源松散、缺乏合力。为此,民建广西区委会领导班子高度重视百色市扶贫工作,在社

会服务部组织协调下于2006年启动实施了"思源工程",整合全区民建组织资源与力量共同参与到当地扶贫当中来。同时,还先后成立了"爱德基金会"和"思源工程"办公室,并从有限的办公经费内落实了扶贫工作经费。在已有2名机关专干基础上,另聘请2名工作人员共同负责扶贫工作。在工作实践中,民建广西区委会社会服务部每年都按照工作规划扎实做好定点扶贫的各项工作,并以真诚务实的态度、科学严谨的管理、扎实有力的作风,逐渐赢得了爱德基金会、中华思源工程扶贫基金会、芭莎公益慈善基金、李宁基金会等国内主要公益组织对百色市扶贫工作的大力支持,还开创了新兴网络媒体(新浪网)参与到社会扶贫工作的先河。其中,仅爱德基金会就已经实施150多个项目共计6600多万元人民币,惠及贫困人口30多万。近年来,民建广西区委会社会服务部还主动与上海、江苏等地民建组织联系,积极争取了多地力量和资源投入百色市的扶贫工作当中。多年来,民建广西区委会社会服务部始终坚持尊重百色市贫困地区广大农户主体地位,注重激发当地干部群众内在活力,扶贫工作内容从基础设施建设、抗灾救灾、捐资助学等最直接向生态环境保护、艾滋病防治、农村基层组织能力建设等最迫切的新领域拓展。

(二)善谋助贫方略、首推"生态扶贫"新项目

百色市大石山地区既是贫困地区,也是生态敏感地区。开展扶贫工作,必须围绕生态保护这一主线。2000年以来,在民建广西区委会领导的实地调研和积极提倡下,社会服务部集中力量在桂西大石山区多个县率先推出了多个"生态扶贫"项目,帮助各地群众种植了30多万亩任豆树和竹子混交林。这些项目的实施产生了巨大的经济效益和生态效益,为百色市石漠化治理探索出了一条新路。以"生态扶贫"项目为抓手的石漠化治理工程在民建广西区委会向广西壮族自治区党委汇报、提交全国"两会"提案后,分别纳入广西"十五"计划和国家"十五"计划,得到了大面积推广。

（三）深入调研试点、实施"家庭水柜"新方法

百色市大石山区受自然环境、地理条件的制约，一直面临着严重的工程性缺水问题。为此，民建广西区委会社会服务部在3年调研后提出了建设"家庭水柜"，解决人畜饮水问题的新设想。在试点取得成功的基础上，2010年年初在国内主流网站之一——新浪网开展募捐活动。在3个月内，就募集到800多万元人民币资金并援建了1236座家庭水柜。"家庭水柜"这一新方法在民建广西区委会向广西壮族自治区党委、广西壮族自治区人民政府汇报之后得到主要领导肯定，为广西壮族自治区做出"农村饮水工程大会战"提供了重要的经验参考。

（四）斩断贫困代际传递、推行"生态教育移民"新模式

生态移民一直以来都是百色市大石山区扶贫攻坚工作的重要举措，但也存在多侧重于居住地搬迁，难以解决自身发展、文化认同等深层次问题。为此，民建广西区委会社会服务部在深入调研后，积极借助中华职教社资源优势，与百色市统战部门合作探索形成了"生态教育移民"新模式。该模式通过让贫困地区中小学生到城市接受职业教育并实现就业，进而实现移民搬迁、脱贫致富、融入城镇和保护生态的多重目的。2009年以来，民建广西区委会社会服务部共计筹集资金800多万元人民币，实现招生1000多人。2012年以来，"生态教育移民"模式依托上海、江苏及本地民建组织资源，逐步形成了"东西联动、政社共推、校企融合"的生动局面。该模式先后得到国家发展和改革委员会西部司的肯定并划拨1000万元人民币在百色市进行了大范围试点工作，还获得时任广西壮族自治区党委书记、自治区人大常委会主任郭声琨的批示，并被列入2012年、2013年广西壮族自治区政府工作报告。

三、民建广西区委会社会服务部参与贫困治理的脱贫成效

近年来,民建广西区委会社会服务部对百色市扶贫开发工作涉及面广,工作内容也在不断拓展,从原来的基础设施建设、抗灾救灾、捐资助学等最直接帮扶项目逐渐向生态环境保护、艾滋病防治、农村基层组织能力建设等新领域拓展。项目的实施,改善了百色贫困地区的基本生产条件和生态环境,提高了项目区群众多种经营能力,对口帮扶工作成效显著。

(一)农村基础设施建设不断改善

不断改善贫困地区生产生活条件、促进农民增收和提高农民的生活水平,始终是民建广西区委会社会服务部援助百色市农村基础设施建设项目的出发点和落脚点。从20世纪90年代以来,民建广西区委会社会服务部援助百色市农村基础设施建设项目包括沼气池建设、农厕改造、茅草房改造、人畜饮水工程、农村公路建设、灌区防渗工程、灌溉沟渠建设、旱改水工程、坡改梯砌墙保土等内容,无偿援助和计划援助3000多万元人民币,实施了一大批改善民生、惠及百姓的扶贫项目。

(二)增强了贫困农民的脱贫能力

中国有句古话叫"授人以鱼,不如授之以渔"。近年来,民建广西区委会社会服务部一直以物质支持和智力支持相结合援助百色革命老区的民生工程,投入近600万元人民币援助资金引导贫困农民发展种养结合和多种经营、多种技术能力培训。先后组织的项目有养殖发展基金、妇女发展基金(培训)、小额信贷循环、教师培训、村医培训、少数民族传统文化培训、弱势群体关怀、项目办工作人员培训、农村适用技术培训和农村基层骨干

能力建设培训。社会服务部还强调对农村妇女的培训,成立妇女发展基金,针对贫困地区的妇女举办了多期技术培训,以小额信贷方式帮助农村妇女发展种植养殖业。此外,社会服务部还重视农村适用技术培训,在乐业、凌云、那坡三县进行的农村适用技术培训累计达20余万人次,对拓宽农民致富思维、提高农民素质起到了极大的促进作用;同时,加强对农村基层骨干能力建设培训,提高百色市农村基层骨干的组织管理能力和带富能力。当前,社会服务部援助的多种经营和能力建设项目的效益已得到进一步显现。

(三)生态恢复建设项目效益显著

从1995年开始,民建广西区委会社会服务部就开始对百色革命老区的生态建设进行援助,至今已投入资金660多万元实施生态重建,项目包括石漠化治理、任豆树种植、封山育林、经济林种植、综合发展生态屯等,覆盖田东、平果、德保、靖西、那坡、凌云、乐业7个县,生态治理改善面积达30多万亩。其极大地改善了项目实施区域的石山生态环境和困难群众的生产生活条件,加快了农民群众脱贫致富的步伐,农村经济结构得到了调整和可持续发展,产生了良好的社会效益和经济效益。

(四)教育援助建设项目培育人才

扶贫先扶智,1997年以来,民建广西区委会社会服务部的教育项目援助遍及百色革命老区的平果、德保、靖西、凌云、乐业、隆林等11个县,项目内容包括学校重建、维修和资助贫困学生重返校园以及生态教育移民等项目,援助资金达2017.63万元人民币。其中,仅生态教育移民就近600万元人民币,援建了37所学校的教学楼及部分学校的配套设施建设,给项目实施区域的适龄学童改善了学习环境。重返校园项目实施7年间,共资助贫困家庭失学儿童16批,援助资金累计738.63万元人民币,让13421名贫困失

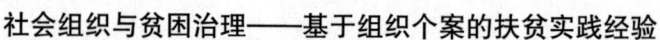

学儿童重新回到校园。教育援助项目的实施,对巩固和提高百色革命老区的基础教育起到了重要的促进作用。

(五)文化卫生项目促进社会和谐

民建广西区委会社会服务部投入了660多万元人民币,实施了西林县那岩非物质文化遗产保护和民族传统文化保护项目,援建了村级卫生室、乡镇福利院,捐赠大批体育用品,在边境靖西县开展艾滋病的防控工作,这对提高群众的公共卫生意识、满足农村贫困人员的基本医疗需求、活跃社区群众文体文化生活都具有很大的促进作用。

(六)救灾恢复重建项目温暖人心

"一方有难、八方支援"和"情系老区、救助灾民"一直是民建广西区委会社会服务部扶贫工作的另一重点。2001年的洪涝灾害、2008年的冰冻雪灾、连续三年的干旱灾害以及滑坡等自然灾害无不牵动民建广西区委会社会服务部工作人员的心。近年来,民建广西区委会社会服务部捐赠给百色市各县区的防灾救灾款及灾后重建资金已达871.5万元人民币,有力地帮助了灾害地区的救灾和灾后重建工作。

四、民建广西区委会社会服务部的"生态教育移民"个案分析

(一)"生态教育移民"项目背景

各地地方党委、政府实施的直接移民政策在执行过程中带来如下问题:搬迁的居民们能否适应移民后的生产生活方式,以及住房、就业是否得

到安置,且无法彻底解决"三农"问题,当地居民仍然面临外出务工难、脱贫致富难的困境。2009年,民建广西区委会主委钱学明经过深入调研,提出"生态教育移民"的移民新模式,即将教育与生态移民结合起来,其运行路径是:将大石山区小学毕业生送到县城读初中,初中毕业后上高中考大学或者读职业高中,最后留在城里就业。从进入"生态教育移民"班读书到在城里工作,这些山里的孩子至少经过6年的城市学习和生活,无论从生活习惯上还是思维模式上,都已经适应并且习惯了城市生活,通过相关专业课程学习进修,这些学生已经具备了在城市谋生的能力。他们从农民成长为工业化、城镇化的人才,并由他们带动其家庭、亲友进城就业和定居,从而实现了由农村到城镇、从农民到市民、从农业到工业(服务业)的转变,真正实现"移得出,稳得住,逐步能致富"的生态移民目标,并解决石漠化地区日趋严重的环境问题。

(二)实施"生态教育移民"项目需要解决的主要问题

1. 环境恶劣,石漠化严重

广西西北部大石山区具有典型喀斯特地貌特征,石漠化严重,是全国14个集中连片特困地区之一。受自然条件影响,这里土地贫瘠,地表水资源稀缺,地下水埋藏深,易涝易旱,生态系统十分脆弱。生活在大石山区的人们依旧沿袭刀耕火种、随意放牧的原始耕作模式,生产、生活水平发展缓慢。随着人口的不断增加,生态环境遭到破坏的程度也越来越严重,人们的生活水平伴随环境的破坏停滞不前。

2. 资源紧缺,生活艰苦

大石山区的农村让人很难感受到现代化气息,当地居民只能烧掉石缝中的杂草,与自然争夺一点点泥土;因为缺少水田,他们只在石缝中稀稀拉拉种植着唯一能存活的玉米;而在极少部分地区因为长期土壤流失、基岩大面积裸露,人们生活用水极为困难,他们有的翻山越岭、肩挑马驮,花上半天时间才打回仅供食用、洗菜、喂养等日常生活的几桶水。

3. 收入低微，贫困突出

大石山区的当地居民主要是选择外出务工来改善生活现状。由于大石山区教育条件差，绝大多数外出务工人员因自身掌握技能有限，只能在外从事体力劳动，工作数年往往只能攒下几万元回到大山里砌一间房子养老。这期间，他们的孩子也只能跟随年迈的爷爷奶奶一起生活，在条件艰苦的山里上学。父母常年在外，大石山区的留守儿童处境艰难，他们得不到父母的关爱和教育，没有健康成长的环境，这些留守儿童很多都没有很好的教育环境，学习成绩得不到保障。大石山区的父母对孩子读书的要求只停留在能够识字上，学习似乎只是山里孩子农活之外的一项任务，所以，很多学生到了一定年龄就辍学务农或外出务工。若没有外来条件的帮扶，大石山区的留守儿童很多都会选择辍学，走上和父辈一样抵抗贫困的人生道路，贫困代际传递明显。

4. 素质偏低，融入城市难

随着东部城镇化发展进程加深和产业化不断升级，东部企业对工人数量需求增加的同时，对工人素质要求也逐步提高。由于自身掌握技能有限、社会保障体系不够完善等原因，大批来自贫困地区的农民工不能适应工业化、城镇化需要，难以在城市找到好工作，收入不高，最后宁愿返乡在家务农，使东部出现用工荒。解决农民工融入城市问题，是我国在工业化、城镇化过程中必须解决的重大问题，这不仅有利于拓宽贫困地区人口的出路，对协调东西部发展也将起到重要作用。

（三）"生态教育移民"项目的实施进程

2009年下半年，民建广西区委会提出"生态教育移民"项目的初步设计方案，将入选"生态教育移民"项目的学生集中为一个班级，取名"扬帆班"，

"扬帆班"的招生对象主要为贫困山区品学兼优的小学毕业生,将他们集中到县城条件较好的中学寄宿就读,初中毕业后,根据学生和家长的意愿,以及学生的学习成绩,支持和鼓励他们继续到高中、大学学习或接受职业化教育。

项目计划每班招收50名学生,每名学生每学期补助1000元人民币,一学年补助为2000元人民币,50名学生一年需要补助经费10万元人民币,补助至毕业为30万元人民币。校舍、宿舍、师资等方面由地方政府负责安排落实。

2009年9月,由民建广西区委会筹措资金,在百色市西林县西林中学开办首个"生态教育移民"项目"扬帆班",首批共招收来自西林县偏远石山区的6个少数民族学生50名。该项目直接由中华思源工程扶贫基金会监督管理,在民建广西区委会设立广西项目办公室,钱学明主委担任项目负责人,社会服务部负责日常管理工作。西林县成立项目领导小组,下设办公室,负责学生初选、补助发放、项目检查督导等。广西项目办公室负责审批项目对象及经费划拨,确保专款专用。

(四)"生态教育移民"项目的主要成效

2009年9月,西林中学首个"扬帆班"开班后,学生们在校一系列表现获得了校方的高度肯定。2009级首个"扬帆班"所在年级有725名学生,"扬帆班"初一考试有26名学生成绩考入年级前100名。2010年5月,新浪网董事长、"思源工程扬帆计划"项目发起和管理人汪延到广西检查"思源水窖"建设情况。民建广西区委会钱学明主委陪同检查时,向汪延介绍"生态教育移民"项目情况,并一同赴西林与2009级"扬帆班"学生座谈,"生态教育移民"项目的初步成效引起新浪网"思源工程扬帆计划"负责人员的积极关注。

在民建中央、新浪网和部分民建会员企业的支持下,2010-2014年,民建广西区委会相继在百色市西林、田林、隆林、凌云、乐业、田阳、那坡、来宾市忻城、南宁市隆安等县增开了18个"生态教育移民扬帆班",共招收910

名小学毕业生,以扩大项目实施试点。民建广西区委会在已有经验基础上,为探索项目的延伸,在贵港市平南县、南宁市开设了3个"生态教育移民"职业高中班。

越来越多爱心人士、团体、企业的加入,给"扬帆班"注入了巨大动力,"扬帆班"的同学们用优异的成绩表达了自己的感谢。在已毕业的2009级、2010级、2011级"扬帆班"毕业生中,超过90%的学生都被当地市、县重点高中录取;2011级职业高中班有16位学生被桂林电子科技大学、梧州学院、桂林航天工业学院等二本院校录取。

2011年,在全国政协十一届四次会议中,民建广西区委会主委钱学明向大会提交《关于在西部大石山区实施"生态教育移民"的建议》,得到国家发展和改革委员会来函答复:将结合民建广西区委会已开展的工作实际,积极稳妥推进教育移民工作。2012年广西壮族自治区政协十届五次会议上,民建广西区委会主委钱学明向大会提交《关于在扶贫工作中实施教育移民的建议》,获时任广西壮族自治区党委书记郭声琨批示:教育移民是扶贫的一条好路径,出一个中材生就可以带出一个家庭,若在条件极差的大石山区,"出山进城"经济上合算、方法可行、长治久安。

2015年,民建广西区委会社会服务部继续巩固和深化生态教育移民工作品牌。作为生态教育移民项目的发起地,民建广西区委会社会服务部继续深入推进生态教育移民项目的实施,如引进社会各界集资的52万多元人民币继续援助已开办的广西10个县13个生态教育移民扬帆班,民建上海市委也继续给予扬帆班援助支持,在已援助3个扬帆班的基础上(其中有1个班已经毕业),新援助了1个扬帆班,并为扬帆班捐赠了一批书籍、教学用品等。

(五)完善"生态教育移民"项目的建议

1. 扩大当前生态教育移民的试验范围

当前生态移民教育仅在广西9个县的初中进行试点。必须指出的是,

第二章 民建广西区委会社会服务部的贫困治理实践

初中教育阶段是整个生态移民教育的关键。从学生角度而言,小学生年龄尚小,缺乏自理能力,不宜长期离开家庭,而初中生已经具备一定的自理能力,是人生观形成的重要时期,到县城接受优质教育对打下在城市生活、工作的基础非常重要;从教育资源角度看,经过"两基"攻坚后,农村基本能够满足小学教育需求。初中阶段乡镇与县城就体现出城乡的差距,在县城才拥有软、硬件比较好的教育资源。在现阶段,应该以初中阶段作为生态移民教育的核心。然而,这些孩子初中毕业以后呢?对此,笔者认为,应该将生态教育移民延伸到高中教育阶段(包括普通高中和职业高中)。因为如果不延伸到高中教育阶段,这些孩子毕业之后可能就会离开学校,或是回到大石山区,或是外出打工成为低端的劳动力,并最终像他们的祖辈一样回到大石山区生活。这将使得先前的移民教育前功尽弃,最终无法达到原定目标。如果在短期内将之延伸到高中教育阶段,这些孩子在完成高中教育阶段之后,他们就有很大的机会接受高等教育。根据2012年广西的高考情况,高考录取率已经高达78.95%,随着我国高等教育大众化的发展趋势,高考录取率会不断升高。更为重要的是,国家和社会力量在高等教育中设立的各种奖学金、助学金和贷学金体系更为完善,完全可以保证他们完成大学学业。

2. 推动生态移民教育模式上升为国家反贫困战略和生态保护战略

当前,民建广西区委会社会服务部进行的生态教育移民扬帆班项目仅为社会力量在推动,资金来源以及项目的覆盖面均受到限制。尽管其实验效果值得肯定,但是,仅仅靠社会力量是无法完成整个国家连片特困地区扶贫开发任务的。为此,应该整合国家的扶贫资源和生态治理资源,超越传统的生态补偿机制,整合西部的自然资本与东部的社会资本,实现西部地区的生态建设产业化与东部地区的产业发展生态化,建立东西部生态共建共享机制。因为西部建立起生态功能区的同时,受益的不仅仅是西部,东部同样是受益区。实施生态教育移民工程同样如此,西部省份生源的学生接受高等教育之后,事实上仍有很多学生留在东部就业。而且西部大量农民工进城务工也主要在东部,他们把青壮年时期贡献给了东部,养老却要回到西部,他们为东部经济社会发展做出了巨大贡献,却很少能享受到东部城镇居民的待遇。东部地区在吸收西部地区的人力资源之后应该反哺西部地区。所以,应该将生态移民教育模式作为国家未来连片特困地区扶贫开发、人力资源开发、提升人口素质的具体措施,从政策、资金上给予支持,破解当前实施生态移民教育模式的各中学在软、硬件方面的不足,并总结广西9个县的生态教育移民模式的经验,设立示范区,在全国范围内推广实施教育移民。

3. 政府为生态教育移民出台相关后续发展配套政策

享受生态教育移民政策的学生将来在城市就业之后,仅有文凭的"农二代"如何才能够在城市立足?对此,我们认为,可以统筹考虑城乡改革,以户口户籍改革为突破,将农村住房和宅基地置换为城市住房;将土地承包经营权置换社会保障;将教育移民纳入职业教育培训,实施就业创业工程,促进其在城市就业;将符合低保条件的家庭在整体迁入城市后纳入城市居民低保范畴。如此,才能解决贫困山区的农民在进城后的生活和保障方面的问题,降低从乡土社会向城市社会过渡的不适应性,实现农民身份市民化转变,使得享受生态教育移民政策的"农二代"能够在城市安居乐业。

第三章 广西柳州钢铁集团有限公司参与贫困治理的实践

一、广西柳州钢铁集团有限公司简介

广西柳州钢铁集团有限公司(以下简称"柳钢"),始建于1958年,经过50多年的不断发展壮大,目前在岗职工15000多人,占地面积13平方千米,资产总额超400亿元人民币,具备年综合产铁1150万吨、钢1250万吨、钢材2000万吨的生产能力,年主营业务收入600亿元人民币以上,是立足钢铁主业、多元化经营的我国华南和西南地区最大、最先进的钢铁联合企业,跻身于中国500强企业之列。柳钢先后荣获"全国质量效益型先进企业""全国守合同重信用企业""全国和谐劳动关系优秀企业""中国循环经济科技进步奖""全国用户满意企业"等称号。2015年在冶金工业规划研究院(MPI)发布的"中国钢铁企业综合竞争力测评结果"中,柳钢位列第十三位。作为广西工业企业的排头兵,柳钢按照党中央关于构建社会主义和谐社会的要求,坚持在自身发展壮大的同时,积极承担起应有的社会责任。在经济建设、助学、拥军、救灾、扶贫、推动社会文化发展、节能减排等方面做出了突出的贡献,获得了各级政府、同行企业、社会公众及媒体的高度赞誉。柳钢三次荣获全国文明单位,多次获得全国精神文明建设工作先进单位、思想政治工作优秀企业、群众体育工作先进单位、职工体育示范基地、自治区先进党组织、和谐劳动关系优秀企业、扶贫工作先进单位等荣誉称号。

二、广西柳州钢铁集团有限公司定点扶贫实践经验

为积极履行国有企业社会责任,切实以工业反哺农业,柳钢认真贯彻落实党中央、国务院关于扶贫开发的各项方针政策和工作部署,自2003年以来按照广西壮族自治区"整村推进""美丽广西"乡村建设(扶贫)等定点扶贫开发工作要求,以改善村民生活、改进村容村貌、推进社会主义新农村建设为目标,先后投入资金1000多万元人民币用于乡村基础建设、文化教育卫生建设,积极培育和发展乡村主导产业,使定点帮扶的融水县香粉乡雨卜村、中坪村、金兰村以及融安县板桥乡古板村的村容村貌发生了翻天覆地的变化,有力地推动了当地经济社会的发展,帮助当地群众走上了脱贫致富的发展道路,这是大型国有企业在为国家创造效益的同时履行社会责任的具体体现。

(一)落实领导定点扶贫责任

柳钢党政领导高度重视定点扶贫开发工作,把定点扶贫和新农村建设工作作为企业贯彻落实党的十八大、十八届三中全会精神,承担社会责任的重要举措和具体行动来抓,并明确由公司主要领导负责,党工部领导具体分管。公司党政主要领导部署定点扶贫开发工作,经常过问扶贫工作进展情况,先后带队到扶贫点实地考察调研,指导整村推进扶贫工作,积极看望驻村干部,关心其工作和生活,慰问村屯困难户,与当地政府、村委、学校等负责人座谈,为当地群众脱贫致富把脉解难。党工部领导多次深入扶贫点进行考察、研究、组织、协调扶贫项目的实施,具体指导定点扶贫和新农村建设工作的开展。各二级单位领导也到扶贫点进行实地了解,及时安排各自负责项目的实施。遇到帮扶工作特别任务时,坚持特事特办,无论是人力支援,还是物力、财力投入,都能做到行动迅速、工作主动、帮扶对象满意。

（二）加强干部驻村帮扶

为切实有效地对定点村屯进行帮扶，柳钢及时组建了扶贫工作队，先后选派4名思想素质好、工作能力强的科级干部长期脱产驻扶贫点开展工作，平均每月驻村达22天以上。扶贫工作队不辞劳苦、心系群众，经常深入海拔500~1000米的村寨和施工现场，关心了解村民群众生产生活，落实扶贫项目的具体实施，检查督促施工进度和工程质量，协调解决突出矛盾和问题，成为当地群众放心满意的知心人、带路人，扶贫工作队的奉献精神感动了村里的群众，得到了群众好评。

（三）加大定点扶贫资金投入，拓宽扶贫项目

1. 深入走访调研、科学规划推进

为搞好帮扶工作，柳钢定点扶贫工作队多次深入山村苗寨进行考察，走屯访户掌握村屯基本情况，努力结合当地自然条件、人口和经济状况等实际，确定了"成方连片、规模布局、有序开发、共同发展"的扶贫思路，并因地制宜地制定切实可行的定点扶贫规划和具体工作推进表。在开展定点扶贫工作中，坚持以科学发展观统揽工作全局，注重调动和发挥当地政府和村民的积极性、主动性，着力抓基础设施建设，解决群众行路难、饮水难、通信难的问题，大力发展特色种养业，增加农民收入，坚持扶贫与扶智相结合，积极发展文化教育卫生事业，为当地村民脱贫致富、构建幸福乡村打下坚实基础。

2. 发挥企业优势，加强基础设施建设

柳钢紧紧抓住村屯"行路难、饮水难、活动难"等突出问题，本着"量力而行、尽力而为"的原则，从改善民生出发，充分发挥大企业优势，着力加强农村基础设施建设。近10年来已在4个定点扶贫村投入1000多万元人民币实施修路、架桥、通电等基础工程，极大地改善了当地村民的生产生活条

件。截至目前,共为雨卜村、中坪村、金兰村、古板村修通了20多条近100公里的村屯路,实现了屯屯通公路;建成村间铁索桥、滚水坝桥,修建连接道路桥涵80多座;全面完成雨卜村、中坪村、古板村人畜饮水工程,建设蓄水池28个,安装饮水管道8万多米及村寨防火消防设施一批。此外,在中坪村投入38万元人民币新建村小学教学楼一栋,对雨梅屯、毛坪屯、新荣屯、寨劳屯4个濒临危房的教学点教室拆除重建,完善了各校区篮球场、操场、升旗台、阳光午餐厨房、电教器材等相关教学设施;在雨卜村、中坪村架设安装4000米"三相四线"电源线路、80千伏安变压器两台及用电设施,还新建村屯公厕11座(处),扶持建设村屯卫生室4个,砌筑硬化篮球场、停车场9个,建成沼气池200多座等。通过一系列基础设施项目的援建,柳钢定点扶贫4个村的村容村貌发生了翻天覆地的变化,解决了困扰当地群众多年的民生问题,扶贫工作取得实实在在的效果。

3．积极引进项目,拓宽村民致富路

柳钢定点扶贫工作队根据当地的自然和经济条件,积极引进和拓展项目,帮助村民走上勤劳致富的康庄大道。例如,把发展旅游作为雨卜村、中坪村调整产业结构的主要目标,宣传和开发好风光旅游,使到雨卜村、中坪村的游客不断增加,同时带动该村上特产、种养殖业的发展;积极推进实施金银花种植项目,与当地扶贫办一道扶持援助金兰村27000株金银花种苗,形成了90亩连片金银花种植基地,此项目可使土地亩单位效益增收1000元人民币。积极指导种植油茶、茶叶、岩茶300亩,促进村民增收;大力推进养殖项目,如实施稻田养殖禾花鱼项目,组织金兰村村民硬化田基5千米约50亩,投放鱼苗3万尾,预计亩单位效益增收200元人民币;实施香猪和香鸡集中养殖项目,通过到畜牧局、扶贫办、乡政府努力协调,驻村干部从县扶贫办分别为金兰村、三寸村和中坪村争取到香猪仔250头、80头和养猪资金3万元人民币,极大地调动了当地村民发家致富的创业积极性,拓宽贫困群众的脱贫致富渠道。

(四)增强贫困群众脱贫致富能力

柳钢在扶贫工作中始终坚持"授人以鱼,不如授之以渔"的观念,由单纯的"输血"扶贫转变为"造血"脱贫。

1．思想帮扶,转变传统观念

带领村干部和党员群众外出到柳州、南宁、防城港等地参观考察学习,为村干部群众征订《柳州日报》《柳钢报》《法制日报》等报刊,引导他们解放思想,转变观念。通过学习与交流,大大增强了农村干部"立党为公、执政为民"的意识,提高了带领群众致富的责任感和使命感,转变了"等、靠、要"的传统观念。积极利用驻点帮扶村村民代表会、党员大会、村民聚会等场合积极开展宣讲,教村民算经济账,转变传统观念。动员村民利用山林优势种植经济价值较高的作物,提升土地单位效益。经宣讲动员,村民积极性高涨,纷纷调整土地,积极实施转变种养项目。

2．切实解决贫困群众的实际困难

一是开展捐资助学活动。为雨卜村、中坪村小学共捐送校服500多套,添置新课桌400多套,赠送电脑、打字机、学习资料等各类教学学习用品;积极开展助学"一帮一"活动,共与雨卜村、中坪村的176名中小学生结成助学对子,对中坪村考取高中及大学的7名贫困生,按区定点扶贫办"一等"级别进行帮扶,资助一年学杂费、住宿费共计3.8万余元人民币;每年推荐多名有培养潜力的初中毕业生到柳钢技校学习深造,提高他们的科学文化知识和就业技能。二是坚持为群众办实事办好事。尽力提供抽水泵、消防胶管等设施,帮助抗击旱灾;发动公司职工捐款捐物共计数万元抗击洪灾、雪灾;在雨卜村和中坪村各自然屯安装防火池、防火管道、防火栓等,消除安全隐患;为雨卜村购买了价值13000多元人民币的高音喇叭和功放机,方便通知各屯开会与集中活动;组织采购八月桂、玉兰、速生桉等树种2500多株,种植在中坪村的路旁、溪旁、屋旁,美化村容村貌;在春节、"六一"、中秋等节日或遇重大自然灾害，公司领导还开展慰问贫困村民、贫困党员、小学生活动，送上柳钢的帮扶爱心关怀。

3．技能帮扶，加强村民技能培训

为拓宽当地村干部的发展眼界和思路，柳钢定点扶贫工作队利用闲暇经常带领贫困村村干部赴柳北沙塘、古都村、四荣乡等模范基地进行考察和培训，进一步调研学习养猪项目、娃娃鱼养殖、铁皮石斛及食用菌、灵芝种植项目。通过实地走访考察，帮助村干部了解学习了先进的种养经验，对于指导当地村民拓宽搞活扶贫项目，为贫困群众脱贫致富、不断增收奠定了坚实的基础。一是利用雨卜村是县级重点旅游点的有利优势，与有关部门对旅游景点进行了规划，组织当地村委及广大村民加强旅游点的基础设施建设，把发展旅游作为雨卜村、中坪村调整产业结构的主要目标，宣传和开发好风光旅游，使到雨卜村、中坪村的游客不断增加，促进农民收入，同时带动该村土特产、种养殖业的发展。二是积极为群众寻找致富的好门路，扶持雨卜村种植茶叶200亩、毛竹600亩，扶持中坪村发展养殖生猪、香鸭、竹林鸡、禾花鱼及种植茶叶等绿色食品。三是开办技术培训班，共开展烹饪技术、旅游服务、茶叶种植加工及养殖技术等专业技术培训班10多期，受训村民1500多人次。此外，还积极提供就业信息，解决雨卜村、中坪村及附近村屯50多人到柳钢及外地就业。

4．党建帮扶，提高党组织凝聚力

针对贫困村党组织制度不健全、基础薄弱、组织松散的现状，柳钢驻村扶贫干部按照柳州市开展"基层组织建设年"活动的要求，大力开展贫困村党支部"创星升级"工作，着力抓好村党组织基础制度建设，建立健全"三会一课""四议两公开"制度、一事一议、干部值班制度等，明确村委分工，明确干部职责，使党组织凝聚力、号召力和战斗力进一步增强，促使党员干部在"创星升级"、脱贫致富中发挥先锋模范作用，提高了村干部带领村民脱贫致富的信心和能力。

5. 文化帮扶,丰富群众的精神生活

为丰富农民群众的文化体育生活,柳钢在帮助各村屯建设灯光篮球场的同时,还注重尊重少数民族风俗,积极开展丰富多彩的文化体育活动。柳钢实施助学助教工程,关心贫困学生的成长成才,每年都组织职工开展"一帮一"结对助学、"送教下乡村"活动,不断改善当地的教育教学条件。坚持尊重少数民族风俗,积极开展丰富多彩的文化体育活动,如组织开展了"正月十九"芒篙节、"六月六"新禾节少数民族活动,还组织了篮球比赛、拔河比赛、芒篙、芦笙踩塘、唱山歌、斗马、斗鸟等群众喜爱的比赛项目,通过群众喜闻乐见的文化体育活动,使广大群众感受到柳钢扶贫工作的诚心和细心,把思想和行动统一到改变家乡面貌的工作上来,村风民风得到了很大的改善。

三、广西柳州钢铁集团有限公司驻村第一书记扶贫工作个案分析

(一)实施驻村第一书记扶贫工作背景

2012年,柳钢积极响应上级部门号召,认真按照《广西壮族自治区党委组织部自治区创先争优活动领导小组办公室关于在全区选派机关干部担任贫困村党组织第一书记的工作方案》文件要求,选派了3名政治素质高、工作能力强的干部分别挂任融水县香粉乡金兰村、中坪村及安陲乡三寸村扶贫第一书记。同时,在原有的扶贫工作经验基础上,为存续柳钢与融水县的传统友谊,经过深入走访调研,确定把香粉乡金兰村作为柳钢"十二五"定点扶贫村,实施第一书记扶贫与定点扶贫的双重帮扶。第一书记到位后,通过制定科学的扶贫规划、扎实推进农村基础设施建设、大力开拓扶贫产业项目、积极实施文化扶贫、精神扶贫等,扶贫工作成效显著,得到上

级领导和当地群众的充分肯定,柳钢也因此多次荣获"自治区扶贫工作先进单位""自治区社会主义新农村建设先进后盾单位"等荣誉称号。

(二)定点扶贫村金兰村的总体概况

1. 自然条件及经济状况

融水县香粉乡金兰村位于香粉乡西部,距乡政府驻地15千米,总面积11.6平方千米,总人口776人,共198户,是全乡人口最少的村。该村村民全部为瑶族。全村辖3个自然屯:上兰屯、培计屯、田塘屯。该村地处元宝山南峰,平均海拔约600米,年冰雪期约20天,气候条件恶劣,人口分散,人均拥有田地少,作物周期短,粮食产量低,群众收入来源仅靠有限的木材。

2. 基础设施建设情况

从乡政府香粉至金兰村的15千米路程中,有约13千米的泥石路,因年久失修,暴雨山洪冲刷,多数路段沙石暴露,路面沟壑纵横,宽仅约4米,山高路险,弯多坡陡,15千米路程行车需1小时,且该乡田塘屯至上兰屯和培计屯无屯间公路,从田塘屯至上兰屯需绕行约20千米,因交通极为不便,运输费用高昂。村内道路方面,金兰村原有巷道是由一块块圆圆的大卵石串起仅能踏脚的"路",平均宽度约50厘米,且高低不平;从上兰屯村委至金兰村小学路程约800米,路面为水冲沟石块垒成,有三四处上下陡坡,路面极其湿滑,村民及当地学生出行非常不安全,容易摔跤滑倒。全村有一所"八一"希望小学,地处上兰屯,已由柳州军分区援建一栋两层四间大教室砖混教学楼,现设一、二年级两个班,共20名学生,操场为泥砂质,较平整,无硬化,学校无其他体育设施。村内多数人家住的都是吊脚木楼(有少数几户是茅草树皮房改造政策建起砖混楼房),一楼养牲畜,二楼住人,阁楼放杂物,房子均较为破旧。

第三章　广西柳州钢铁集团有限公司参与贫困治理的实践

(三)定点扶贫村金兰村的贫困原因分析

1. 自然条件恶劣,导致村民经济发展滞后的生存困境

金兰村山多地少,海拔相对其他村高,资源匮乏,气候条件较恶劣,农业基础设施抵御自然灾害能力极低,农业综合能力滞后,农民生产生活存在很多困难和问题,扶贫攻坚工作任重道远。

2. 交通不便,基础设施薄弱,导致村民经济发展滞后的发展困境

金兰村的村级公路多为沙石、泥土路,年久失修,受暴雨等天气影响,水毁严重,路况较差,出行极为不便,路面凹凸不平、坑坑洼洼,等级极低,安全隐患多,群众行路难问题仍未根本解决。

(四)驻村第一书记定点扶贫的主要做法

因交通闭塞,运输费用高昂,严重阻碍了经济发展;同时,现代信息无法有效传播,造成村民致富观念的落后。鉴于定点扶贫村金兰村的实际情况,加强基础设施建设,尤其是交通基础建设,是其改变面貌、脱贫致富的重点。为此,柳钢扶贫第一书记主要采取以下做法。

1. 广泛调研、科学论证

柳钢将金兰村的扶贫基础设施建设项目列入公司重要议事日程来抓,并委派驻村第一书记深入了解金兰村的地理位置、地形地貌、村情民意等情况,与当地村委班子一道协商,规划项目的实施方案。同时,充分发挥柳钢相关单位的技术优势,积极征求道路建设、场馆建设方面的科学意见,按照"科学规划、合理布局、因地制宜、节约重效"的原则逐步确立金兰村的基础设施建设方案和实施步骤。根据项目论证情况,2012-2014年,金兰村规划了以下建设项目:一是争取后援单位柳钢重点援建开通田塘屯至上兰屯的屯间公路,硬化上兰屯、陪计屯巷道,完善基础道路建设;新建金兰村小

学标准篮球场和村委升旗台宣传栏,加强文化基础设施建设。二是通过积极协调,争取县公路局扶持,建设硬化进村13千米村级公路。三是积极争取和参与新农村建设项目。

2．民主集中、群策群力

在实施金兰村扶贫基础设施项目建设过程中,第一书记在柳钢党委的总体部署下,注重听取乡干部、村委班子、村民群众的意见,特别是修路过程中涉及的农田、山林占道问题,能采取民主协商解决的办法,既保证了道路施工的顺利进行,又尽量将当地群众的损失降到最低。第一书记还积极发动当地村民的力量开山砍林、担石铺路,大家群策群力,以饱满的热情和充足的干劲大干快上,保证了村内基础设施的建成与完善。

3．整合资源、层层联动

柳钢驻村第一书记在推进金兰村扶贫基础设施项目建设过程中,积极重视整合各方资源、调动各方力量。例如,积极争取县、乡财政和政策支持,合理统筹柳钢各单位扶贫力量,主动与上级部门以及村委、村民上下联动,密切配合,广泛争取社会力量、爱心人士关心关注,最终汇聚起扶贫工作的强大力量,确保金兰村扶贫规划项目的稳步推进。

4．事必躬亲、严格把关

柳钢驻村第一书记大到争取资金、政策,规划项目,小到搬石铺路都亲自上阵,事无巨细、事必躬亲,特别是在硬化村内巷道和修筑屯间公路的过程中,积极与项目施工方沟通协调,严格督导施工方按标准和要求施工,对每道程序和环节进行实时检查把关,及时跟进施工进度,仔细勘察质量问题,确保铺设成一条放心路、致富路,让村民群众满意。

5．精神扶贫、拓思扶志

基础设施建设是基础,村民观念、思路的改变是关键,是更为彻底、长远、有效的"基础建设"。柳钢驻村第一书记积极组织香粉乡政府、香粉乡金兰村和中坪村、安陲乡三寸村两委成员代表14人到柳钢钢星公司参观学习大棚种植、苗木基地和林下养鸡情况,还参观了冷轧板带生产线、柳州沙塘养猪项目,从中学习先进种养经验及现代化工业管理理念,进一步开阔视野,解放思想,增强脱贫致富的信心。同时,大力实施文化帮扶,积极开展捐资助学、选派优秀教师开展"送教进村"活动,为金兰村小学捐赠了书包、文具、课桌、乒乓球桌、单双杠、气排球等学习和体育器材,修建了硬化篮球场,还为村委捐赠电脑、打印机、办公桌,帮助建成图书阅览室,一系列文化基础设施的建设极大丰富了村民的文化精神生活。

(五)驻村第一书记定点扶贫的经验启示

1．坚强的组织领导是做好扶贫工作的保障

柳钢党委高度重视定点扶贫开发工作,明确由公司主要领导负责,党工部领导具体分管,选派思想素质好、工作能力强的青年干部进驻扶贫村开展工作,奠定了坚实的组织基础。

2．协调合作、广泛参与是做好扶贫工作的关键

在驻村扶贫工作中,除了需要第一书记能沉得下心、吃得了苦,全心全意扑在扶贫工作上,还需要第一书记善于协调和调动各方力量,广泛动员当地政府、社会团体、企业职工、青年志愿者共同帮扶,"众人拾柴火焰高",最终汇聚成强大的扶贫攻坚力量。

3．转变思想观念是做好贫困群众脱贫的价值先导

扶贫工作要从转变村民和村干部的思想观念入手,转变"等、靠、要"的传统观念,增加扶贫致富的责任感和使命感,立足于主要依靠村民自身力量改变贫困落后的面貌,才能加快社会主义新农村建议,增强脱贫致富的内生动力。

第四章　皇氏集团股份有限公司参与贫困治理的实践

一、皇氏集团股份有限公司简介

皇氏集团股份有限公司(原名广西皇氏甲天下乳业股份有限公司于2001年5月注册成立,2010年1月在深交所上市,是集乳业和文化产业为一体的双主业综合性上市公司。目前,皇氏集团股份有限公司共拥有36多家分子公司及参股公司,5个乳制品加工厂及27个标准化奶牛养殖基地,乳制品年产能力达30万吨,是全国最大的水牛奶加工企业、农业产业化国家重点龙头企业,全国优秀乳品加工企业。近年来,皇氏集团股份有限公司在重视企业发展的同时,在少数民族贫困地区或者地震干旱地区开展了捐资助学、扶贫助残、社会救助等方面的公益扶贫工作,践行了企业社会责任,获得了"思源工程突出贡献奖""光彩事业先进企业""捐资助学先进单位"等扶贫领域各类荣誉。

二、皇氏集团股份有限公司参与贫困治理的主要模式

(一)"公司+基地+农户"模式产业化扶贫

皇氏集团股份有限公司是广西本土发展起来的一家农业产业化国家龙

头企业。自2001年成立以来,皇氏集团股份有限公司先后在广西建立了27个标准化养殖基地,通过"公司+基地+农户"的模式带动农民种草、养牛增加农民收入,企业也得到了快速发展。皇氏集团的发展得益于改革开放的政策和社会各界的帮助,作为一家具有社会责任感的企业,公司一直将回报社会作为自身的重要责任。多年来,皇氏集团股份有限公司在广西的田林、田东、右江、上思等贫困地区投资建设养牛、种草基地,通过龙头企业的带动让农民增加收入,实现产业扶贫。

(二)捐赠专项资金助推多元化扶贫

皇氏集团股份有限公司以拨付少数民族地区教育扶贫资金和贫困户的脱贫致富专项资金、专项资助寒门学子等方式,累计为少数民族及贫困地区、灾区捐款、捐物及项目扶贫资金达到1000余万元人民币,通过捐赠专项资金助推多元化扶贫,一定程度上帮助贫困农民和贫困学生减轻物质负担。

三、皇氏集团股份有限公司参与贫困治理的成效

(一)通过基地建设,带动农民增收,实现产业扶贫

皇氏集团股份有限公司通过推行"公司+基地+农户"的经营模式,先后在广西上思、来宾、桂平、百色、田林、南宁根竹等贫困地区建立奶牛养殖基地,已累计投资超过3.6亿元人民币资金,带领当地农民种草、养牛,为当地居民提供数千个就业岗位,辐射和带动农户总数达数万户。同时,皇氏集团股份有限公司因地制宜,充分利用养殖基地周边农民种植的甘蔗尾梢、玉米秸秆作为奶牛饲料,将农民的闲置资源加以利用,变废为宝,既增加了农民收入,又可解决牛场的饲料问题,仅此一项每年就可为当地农民实现增收2000多元人民币。

（二）捐资专项扶贫基金，帮助贫困农民改良水牛产奶，实现增收致富

广西是我国水牛存栏数最多的省份，占全国水牛存栏总数的22%。广西农村每家每户均养有水牛，这些水牛绝大多数以役用为主，除了两个月的田间劳作外，多数时间是闲置的。如果能将农民的这一闲置资产盘活，并培育成为一个大的产业，无疑是开辟了一条广西农民的增收门路。为此，皇氏集团股份有限公司斥资200万元人民币启动"中华思源工程·金牛计划"项目，利用一切尽可能的条件，盘活广西闲置的水牛资源，让水牛真正成为农民致富的工具，使农民手中的水牛由役用为主向以乳用为主、乳肉兼用的方向发展，使农民的水牛，变为致富的金牛。此外，公司先后多次参与思源扶贫专项目基金的捐助，捐款额已超百万元人民币。

（三）重视教育扶持，惠及贫困群众和寒门学子

皇氏集团股份有限公司非常关注对贫困地区的扶贫及教育，先后通过区民建委员会、自治区工商联、广西光彩事业促进会、广西医学教育与科学研究发展基金会、广西青少年发展基金会、广西红十字基金会、南宁市慈善总会等部门及机构和组织向贫困地区捐献扶贫助教款，多次拿出专项资金资助贫困地区寒门学子完成学业，捐款捐物，帮助困难群众解决实际困难。

（四）帮助贫困地区进行基础建设，与贫困地区结对子进行帮扶

皇氏集团股份有限公司先后捐款启动了"100座'皇氏乳业·思源水窖'项目"，参与新农村道路建设以及校舍的建设，积极为贫困地区基础建设出力。同时，为帮助贫困村尽早脱贫致富，根据广西壮族自治区党委、南宁市委以及邕宁区党委、政府深入开展精细扶贫的要求，结合城区贫困村当前

实际情况,由邕宁区委统战部牵头,2015年,皇氏集团股份有限公司与南宁市邕宁区中和乡那例村结成扶贫对子,公司与当地群众签订协议提供就业岗位。

(五)积极上报扶贫决策提案,为扶贫工作献计献策

除了日常对贫困群体的帮扶之外,皇氏集团股份有限公司还积极从政策等层面为当地扶贫工作献计献策,公司董事长黄嘉棣先生作为广西自治区政协常委会委员,也积极履行政协委员职责,在政协会上提交了扶贫专项提案,提出关于整合扶贫和相关涉农资金、建设广西扶贫产业园、精准实施产业扶贫等方面的提案建议,以期推动政府出台更多更有效的扶贫政策。

四、民营企业参与精准扶贫的建议

(一)通过整合扶贫和相关涉农资金,破解精准产业扶贫资金短缺难题

建议以县为单位,由县级财政、扶贫部门主要负责涉农资金整合的具体工作,其他相关部门协调配合。将来自各渠道性质相同、用途相近的资金进行统筹、归并、整合、集中,形成统一的资金使用管理机制和保障机制。要以精准产业和重大项目为平台,整合本县扶贫和涉农的资金、资源、人力、技术等,做到资金统筹安排,集中使用,促使精准产业及早产生效益。并积极引导社会资金投入,做大资金整合规模,提高统筹整合实效,加快推进农民群众增收致富步伐。

(二)通过政府主导建设贫困地区精准扶贫特色产业园

通过政府主导,产业龙头企业参与建设扶贫产业园,产业园引入的产业以适合本地开发的特色产业为主,精准实施产业扶贫。可以通过建立详细的扶贫信息系统,了解其需要解决什么,其发展靠什么能够带动,这些区域有哪些特色、适合开发什么产业,都在这一信息系统中体现出来,用这种有针对性的、目标非常明确的扶贫来提高扶贫的精准性,以精准产业实现精准扶贫的目的。

由政府和龙头企业共同制定扶贫产业园的发展目标和规划,实现由企业和政府共同建设扶贫精准产业链的目的,从种养殖、生产、加工到销售一条龙。农民可以采取农户折资或土地入股等方式参与。一个地区或一个村的农民把这笔钱集中起来,不是一个小数,如果龙头企业愿意牵头并做相应的投入,就完全可以实施一个很好的项目,再加上政府的扶持,这样的产业完全可以得到很好的发展。农民不仅可以到产业园上班,而且还能作为股东得到分红,与龙头企业形成利益共同体,从而实现真正的脱贫致富。在这个过程中,要充分发挥政府的统筹协调作用,积极动员全社会力量参与产业扶贫。

(三)政府加大对参与精准扶贫企业的政策扶持

政府通过制定产业龙头企业参与建设扶贫产业园的鼓励和优惠政策,加大对扶贫龙头企业和扶贫合作组织的扶持力度,完善利益联结机制,吸引更多的产业龙头企业加入到扶贫工作中来,形成各行业、社会、政府共同推动的大扶贫格局。在扶贫工作中,社会扶贫与政府扶贫具有很强的互补性。如何吸引和鼓励社会资源投入到这项工作中来,需要相关部门制定系列政策和举措,最终的目的是让贫困地区通过产业发展由"输血"变"造血"实现真正的脱贫致富。可以先行选择目前比较成熟的产业进行推广,树立产业精准脱贫示范效应,再逐步扩大。

第五章　广西强荣爱心基金会参与贫困治理的实践

一、广西强荣爱心基金会简介

强荣控股集团是一家以基础设施投资开发为主体,集金融投资管理、物流贸易、环保科技产业、实业投资开发等业务为一体的多元化发展的现代企业,注册资金30亿元人民币,现有员工1600人,其中高级专业管理人员300余人。经广西壮族自治区民政厅批准,广西强荣爱心基金会于2014年2月10日成立,是一家"支持公益慈善事业,促进社会和谐与发展"的非营利性公益慈善组织。原始基金数额为200万元人民币,为非公募基金会,收入来源于强荣控股集团有限公司捐赠。基金会公益活动的业务范围主要有开展扶贫、救灾、助残等社会救助活动,帮助社会弱势群体改善生存条件,提高发展能力,资助和奖励在促进医疗卫生事业发展和弘扬美好社会风尚方面做出突出贡献的个人与机构,资助环境保护和教育事业的发展。基金会主要任务是团结、调动一切力量在广西贫困地区实现助学扶贫的战略构想,为山区的脱贫致富、为大山深处的更加美丽做出自己的贡献。

在广西强荣爱心基金会成立之前,母公司强荣控股集团一直秉承"跨越发展,服务民生,回馈社会"的企业宗旨,以促进社会和谐进步为己任,努力承担社会责任,积极参与各项公益事业及慈善活动,争做公益事业的先行者,其中包括捐建广西大化县边弄村乡村公路项目、汶川灾后重建工程、四川雅安芦山地震灾区捐建活动等。

广西强荣爱心基金会成立以后,遵循"支持公益慈善事业,促进社会和谐与发展"的企业宗旨,争做公益事业的先行者,努力承担社会责任,目前开展的项目有100所"温暖浴室"、"一对一"帮扶项目、圆梦行动项目、希望书屋项目、乡村清洁水源生态治理项目、全国青少年生态文明教育体验活动项目、资助山区贫困留守学生项目等,社会影响在不断扩大。

广西强荣爱心基金会还将大力弘扬南宁市"能帮就帮"的城市精神,号召更多的爱心企业以实际行动加入希望工程公益事业,持续关注贫困大学生教育、山区孩童教育等问题,为公益事业发展与社会和谐做出努力。

二、广西强荣爱心基金会参与贫困治理的主要做法

(一)签订300万元捐赠协议,正式启动"同心圆梦"系列活动

2014年3月29日,广西强荣爱心基金会在广西民族大学举行基金会揭牌仪式暨"同心圆梦"慈善捐助启动会。强荣爱心基金会将投入300万元人民币,在2014-2016年的三年时间完成此系列活动,每年捐赠100万元人民币。

"同心圆梦"系列活动包括:每年捐助40万元人民币为偏远山区百所小学搭建20~30所"温暖浴室";每年捐助15万元人民币资助300名贫困小学生,每人500元人民币;每年为80名品学兼优、家庭贫困的大学新生提供5000元人民币助学款。

(二)捐资90万元,参与全国青少年生态文明教育体验活动

2014年4月23日,由中国共产主义青年团中央委员会、教育部、国家林业局、中国科学技术协会、全国政协人口资源环境委员会等单位共同举办的全国青少年生态文明教育体验活动启动仪式在河北廊坊霸州隆重举

行。强荣爱心基金会作为承办单位中唯一一家民间公益慈善组织,是基金会从关注"小我"升级为关注"大我"、开拓新的公益领域的第一步。全国青少年生态文明教育体验活动包括生态文明进课堂、启动生态文明教育体验林建设、开展"童笔写生态"美文征集活动、开展"童眼观生态"摄影作品征集活动等。希望通过本次活动推动生态文明宣传教育,引导全国的青少年们树立生态文明观念,关注生态文明建设,养成生态文明行为。

2015年3月20日,国家林业局、共青团中央等六个部委联合开展了"童眼观生态——青少年生态文明教育体验活动",强荣爱心基金会作为承办单位参与其中。

2015年5月23日,强荣爱心基金会召开了南宁市"强荣杯"农村青少年生态文明教育体验美文与美图征集活动,面向广西全区5个县、60所中小学征集美文与美图原创作品。此次活动开展后,共收到广西各市县区农村中小学学生美文、美图作品共计1000多件。强荣爱心基金会邀请中国作家协会、广西艺术学院等单位多名专家评委对作品进行分类评选,共评选出98件获奖作品,均报送至北京参赛,荣获全国"童眼观生态——青少年生态文明教育体验活动"中的81个奖项。

(三)捐赠90万元,帮助180名贫困学子"圆梦大学"

2014年6月19日,南宁市希望工程2014"圆梦行动"启动暨广西强荣爱心基金会捐赠仪式在共青团南宁市委二楼会议室举行。2014"圆梦行动"作为强荣爱心基金会"同心圆梦"系列活动之一,是基金会践行关注贫困学子、扶助教育事业的实际行动。在捐赠仪式上,强荣爱心基金会捐出40万元人民币助学金,用于资助80名贫困大学生圆梦大学。活动现场,基金会领导还给广西民族大学20名贫困学子颁发每人5000元人民币的爱心助学款,用实际行动助力贫困大学生改变学习、生活环境。

2015年8月22日上午,强荣爱心基金会参加"圆梦行动"都安高中寒门学子座谈会,为优秀寒门学子代表送去爱心助学款,11名贫困学子每人获得5000元人民币资助。

2015年9月30日,来自南宁市各县区等高校的69名贫困大学生(兴宁区7人、江南区2人、西乡塘区10人、隆安县6人、宾阳县9人、横县9人、青秀区10人、邕宁区7人、良庆区7人、武鸣县2人)获得强荣爱心基金会40万元人民币人民币的资助,每人获得5000元人民币爱心助学款。这些学生分别就读于武汉大学、上海理工大学、广西大学等高校,受资助学生均已顺利步入大学校门。

(四)捐赠300万元,投入乡村清洁水源生态治理项目

为创造更好的生产生活环境,强荣爱心基金会响应区党委、区政府提出的"美丽广西·生态乡村"活动号召,发起捐赠乡村"清洁水源"治理项目,为"美丽广西"贡献一分力量。

(1)捐建上林县清洁水源项目工程。2015年1月31日,在上林县捐建价值100万元的农村清洁水源污水处理项目,通过采用新型的污水治理技术,打造集污水处理与绿色经济相互发展的新型污水处理典范。

(2)开展隆安县污水治理项目。2015年2月12日,捐赠隆安县价值200万元人民币的"清洁水源"项目,通过采用新型污水处理技术,对南宁市隆安县乔建镇鹭鹚村上罗兴屯共计15亩的水塘污水进行综合治理,同时建设配套的景观设施,将集污水处理、经济发展及景观建设等为一体。经过两个月时间的治理,该项目已顺利通过隆安县环保局检测,水质达到地表水二类标准,修复后的生态环境区域能实现良性循环,形成良好的生态环境体系,实现生态环保可持续性发展,为村民带来经济、舒适、清洁、美丽的生活环境,是基金会为倡导可持续生态环保理念、保护广西生态循环系统做出的又一贡献。

(五)捐赠5万元,为身患重病员工捐赠治疗款

2015年4月2日,强荣爱心基金会捐赠中交一公局第四工程有限公司广西崇左至靖西高速公路土建工程第四分部项目经理部某员工5万元人民币医疗款,帮助其战胜病魔,并鼓励其安心养病,早日康复,此爱心善举是弘扬强荣大爱精神的体现。

(六)捐赠30万元,持续资助贫困中小学生

(1)捐赠10万元人民币,支持"同心圆梦"行动。2015年5月,强荣爱心基金会捐赠南宁市江南区江西镇中心小学等6所学校(59人)、西乡塘区育才中学等8所学校(54人)、良庆区大塘镇中心学校本部等4所学校(35人)、上林县塘红乡中可小学等28所学校(52人)共计200名农村家庭经济困难的义务教育阶段的留守儿童,每人资助500元人民币,切实改善其学习、生活条件。

(2)捐赠20万元人民币,开展"爱心助学·情满山村"活动。2015年6月25日,强荣爱心基金会赴崇左市向大新县、天等县贫困中小学生捐赠助学金20万元人民币,接受捐助的是来自向龙门中心小学、实验中学、大新中学、福新乡初级中学及天等高中等共计70所学校的324名贫困学生,基金会切实解决其生活、学习困难,并特别关注集团第一个基础设施投资开发项目——崇左至靖西高速公路项目沿线的农村留守儿童教育情况。未来,基金会还将对受助学生进行长期的关注,给予必要的帮扶。

(七)捐资52万元,建设首批百所"温暖浴室"捐建工程

2015年1月27日,上林县、马山县等地区首批20所学校"温暖浴室"的建设已完成(其中上林县3所,横县2所,良庆区1所,江南区2所,邕宁区5所,马山县7所),让贫困山区的孩子在寒冷的冬天洗上热水澡,享受强荣爱

心基金带来的爱心温暖。

2015年12月26日,武宣县6所"温暖浴室"也正式投入使用(武宣镇马步小学、二塘镇中心校、金鸡乡中心校、东乡镇中心校分校、三里镇中心校、禄新镇中心校)。接下来,强荣爱心基金会将继续对广西贫困地区的学校进行全面考察,加快推进百所"温暖浴室"的建设进程,早日为更多贫困地区的孩子送上温暖的热水,解决贫困地区学生冬天不能洗热水澡的难题。

三、广西强荣爱心基金会参与贫困治理存在的问题

强荣爱心基金会成立至今已两年时间,尽管响应各级政府号召扎实开展公益扶贫活动,尽到了民营企业的社会责任,也取得了一定的社会影响力,但还存在以下主要问题:一是强荣爱心基金会参与贫困治理主要通过捐资捐赠的方式进行,公益扶贫模式较为单一;二是强荣爱心基金会成立时间短,独立运作公益活动的经验尚属不足;三是强荣爱心基金会前期基金会所有收入来源全部为母公司强荣控股集团出资捐赠,且公益活动系通过南宁市希望工程办进行,扶贫对象主要是贫困学生、偏远山区的贫困人员,援助对象范围较小。因此,强荣爱心基金会基金会需要进一步积累公益慈善项目运作经验,探索募集善款方式,建立多种形式的募集机制,提高善款募集的能力,帮助更多贫困有需要的各类不同群体。

四、广西强荣爱心基金会科技扶贫个案分析

广西强荣爱心基金会成员单位、强荣控股集团有限公司子公司广西中科润华环保科技有限公司利用"微生物科技4+"模式进行生态扶贫,探索出科技含量高、连带作用强的可持续生态乡村水环境治理方式,为隆安县推进生态乡村水环境治理做出了积极贡献。"微生物科技4+"模式进行生态扶贫是民营企业发挥自身技术优势,实现民营企业单一的捐赠捐资扶贫

第五章　广西强荣爱心基金会参与贫困治理的实践

模式逐步向科技扶贫转型,这是民营企业扶贫模式的新趋势。

(一)微生物科技+"四重资本",解决治理投入问题

为破解农村水环境治理资金难题,隆安县内敛外引,以"微生物科技"为核心,通过整合"技术人才资本、企业流动资本、行政服务资本、农村闲置资本"这四重"资本",实现技术专家直接与项目对接、企业资本直接与需求对接、行政服务直接为业务主体服务、农村闲置资产重新流转增值。该项目试点技术支持由民建广西区委会组织相关会员企业和技术专家全程免费提供,项目环保企业累计投入200万元人民币,县—镇—村(屯)三级乡村建设行政资源为项目实施提供了全程跟踪服务,协调解决试点鱼塘产权归属、塘堤拆建等问题40余个,盘活试点村屯废弃鱼塘20余亩、土地10余亩。一个项目激活四重"资本",创造性地解决了生态乡村水环境治理"钱"从哪里来的问题。

(二)微生物科技+"四步治污",解决治理工艺问题

试点全程采用微生物复合修复技术:一步投菌治水,抑制杀灭水体腐败微生物;二步固本治泥,从源头上重整修复水体微生菌群;三步鱼菜转化,营建"鱼菜共生"水生生态,将污染物转化升华为鱼、菜、果等水生产品;四步湿地美村,种植时节花菜和景观植物,修建观景亭等设施,营建村域"小湿地"景观。项目技术工艺呈现"短、快、富、惠、美"五个特点:一是工期短,无须征拆改建,工期注污无截留,全部工期仅20天,同等条件下,治理成本仅为其他治理方案的1/3~1/2;二是见效快,投菌1~2小时后即能除臭降污,10天后黑臭污泥就能恢复自然泥色,经验收监测,水质已达到国家《城镇污水处理厂污染物排放标准》GB18918—2002二类标准;三是富村民,锦鲫、白鲢等天然采食,无须投料,莲藕、茭白等就地浇灌水肥,丰产高质,预计全年鱼菜水产品产出共计8万~10万元人民币;四是惠维护,后期几乎无

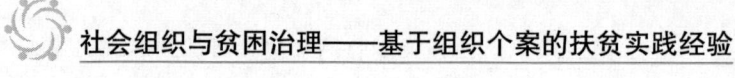

维护成本，每年仅需补菌2~3次，维护经费共计1万~2万元人民币，全部维护成本可由水产产出抵消；五是美环境，短短数月，昔日捂鼻绕道避走的"臭水沟"，如今水清荷香，菜葱鱼肥，成为一座集治污、景观与产业于一体"乡村微型湿地公园"。

（三）微生物科技+"四个产业"，解决产业发展问题

项目试点刺激带动了"'无投料'水产养殖、乡村特色观光旅游、'那文化'民俗文化开发、土特产规模种养植"四个产业，其特点：一是在试点微生物"无投料"水产养殖模式带动下，周边群众自发整治开发淤堵废弃水塘，邀请技术专家传授技术，发展新型水产养殖产业，截至目前，共开展技术培训4次，带动村民5户，整治开发水塘6个近20亩，水产年产值预计20余万元人民币；二是在政府规划引导下，试点村优美的乡村"湿地"风景连同村屯名声在外的布泉河山水、"那文化"发源地和"大石铲"等自然文化资源开发渐入佳境，布泉河漂流、土特产集圩等一批特色乡村旅游产品深受游客欢迎；三是政府将试点村屯纳入"那城"民俗旅游规划，当地"那文化"民俗旅游品牌逐渐成形；四是随着来往游客增加和影响力的提升，试点村屯原有香蕉规模种植业就地销售，扩大了种植规模，板栗、糯玉米、布泉河鱼等土特产也打开了销路，村民从中受益。

（四）微生物科技+"四项机制"，解决治理长效问题

为破解治理长效和后期维护难题，试点创新推行"产业持续支持治理长效"的方针，围绕"鱼菜共生"体系经济产出，摸索形成集"产权保障、技术保障、利益保障、监督保障"四项保障机制：一是明晰产权主体，督促试点村屯群众筹建具有独立法人资格组织机构，明晰项目产权主体，理顺村集体、政府、企业、技术支持方四方权责；二是明确技术主体，将后期技术维护义务和内容纳入项目协议，明确技术支持方和施工企业后期维护职责；三是约定利益分成,明确村集体与企业"鱼菜"产品销售利润分成比例,规定村集体方分成所得只能用于试点后期环卫保洁,企业分成所得只能用于后期补充菌种等后期维护;四是建立屯—镇—县三级监督机制,屯级生态村乡村民理事会侧重日常环卫监督,镇级乡村办侧重后续维护经费使用监督,县级乡村办侧重企业履行后期维护义务监督。

第六章 广西佛教济善会参与贫困治理的实践

一、宗教类慈善社会组织的发展及研究动态

在学术研究上,中国社会科学院世界宗教研究所郑筱筠研究员近期形象地指出了宗教与慈善之间的渊源和密切关系,"慈善事业的兴起与宗教有着不解之缘,宗教是慈善事业中的'常青藤',慈善是中国宗教的理念,慈善活动是宗教慈善理念的外显化和社会化,是宗教慈善理念的社会象征符号"[1]。北京师范大学公益研究院王振耀教授也指出,"应该说,宗教与慈善的联系是多方面的。在许多国家,宗教已经成为文化的有机组成部分,宗教的传统甚至形成基本的生活方式,如不同的宗教都有不同的节日,甚至不同的历法等,而宗教中关于慈善的理念也自然地形成为不同民族的文化传统"[2]。笔者认为,宗教是人类历史上一种悠久而普遍的社会存在与历史文化现象,宗教慈善组织是个人或社会团体基于慈悲、同情、救助的宗教情怀而组织宗教信徒、居士、义工、志愿者、社会爱心人士等不同社会群体而建立的社会公益组织,主要开展为灾民、贫困者及其他生活困难者进行帮扶、救助等扶贫公益活动。近年来,全球范围出现了结社革命,世界范围内的各类民间扶贫公益组织蓬勃发展,与此相对应的是,随着我国市场经济

---

[1] 郑筱筠. 对话宗教与扶贫公益[J].世界宗教文化,2011(2):12.

[2] 王振耀. 宗教与中国现代慈善转型——兼论慈悲、宽容、专业奉献及养成教育的价值[J].世界宗教文化,2012(1):39.

第六章 广西佛教济善会参与贫困治理的实践

体制转轨和社会政治体制改革的推进,我国的民间扶贫公益组织在社会公共服务领域及私人救助等领域发挥着越来越重要的作用。国家民间组织管理局局长孙伟林在2011上海慈善论坛上的讲话对我国当前的民间慈善活动状况进行了总结,"越来越多的企业、富人、名人、公益热心人士、志愿者、社区居民参与到发起设立扶贫公益组织、支持扶贫公益活动中来,扶贫公益组织已经发展成为富裕群体进行公益捐赠,企业履行社会责任,热心人士实现社会理想,普通百姓奉献爱心,弱势群体寻求帮助,社会公众获取公共服务的综合平台"❶。在这些社会公益组织中,我国宗教界内的扶贫公益组织也发扬出了爱国爱教、慈悲济世、服务社会、造福人类的优良传统,积极组织和参与社区服务、赈灾救灾、志愿者培训、环保等各种社会扶贫公益事业,特别是在2008年汶川地震,据有关部门不完全统计,国内五大宗教募款近7亿元人民币。我国宗教界积极参与汶川地震救灾的及时高效行动展现出了宗教组织服务社会的能力和实力,使社会各界对宗教组织参与公益慈善事业有了全新的认识,新时期的宗教组织不是在寺庙殿宇里进行传教诵经,宗教组织正以开展公益慈善事业的方式进入国家公共领域和社会公众视野,实现其履行社会责任的角色转型。国内多名学者深刻认识到了宗教慈善组织参与汶川抗震救灾的社会影响力,李煊、魏德东指出,"汶川抗震救灾宗教界的上述表现,证明宗教团体从事慈善事业具有强大的内在动力。而当代中国宗教慈善事业的发展,更具有多重现实价值和意义。概括地说,宗教慈善事业既可以满足大众的物质和精神的特殊需求,也有益于宗教自身的发展"❷。郑筱筠研究员认为宗教组织参与灾害救助的过程是其社会化进程和社会角色转型的一个重要契机,"2008年的汶川地震对于中国宗教慈善活动来说是一个凸显社会性身份的转变契机,面对灾难现场,各大宗教组织都义无反顾地投入到抗震救灾的活动中,中国宗教慈善活动以自己的实际行动向社会展现了中国宗教一贯所主张的慈悲救济理

---

❶ 孙伟林.适应转型期社会发展需要积极培育扶贫公益组织[J].社团管理研究,2012(1):5.
❷ 李煊,魏德东.宗教界汶川救灾及其意义[J].世界宗教文化,2009(2):2.

念。2008年汶川地震后佛教界迅速、高效、持续、全面的救灾实践给人留下了深刻的印象"[1]。宗教组织在突发的自然灾害面前表现出来的社会担当赢得了社会各界的认可和赞誉,产生了良好的社会影响。但是,我们仍需从整体上认识到当前我国宗教慈善组织开展的扶贫公益事业还处于起步发展阶段,还受到来自宗教组织自身和外界社会条件的制约。郑筱筠研究员已敏锐指出:"因为历史的原因,中国的宗教组织不像海外宗教团体那样在其社会中有'强势'地位,宗教慈善经过长时期沉寂,目前刚刚复苏,在许多方面处于探索中,有待成熟和完善。随着专业化的慈善活动出现,宗教性慈善组织势必要面临一些挑战。其中,宗教组织的宗教性身份和社会性身份的认同问题在自我调适中自然会遇到困难。"[2]而宗教慈善组织在民族地区的发展困难会更加突出,这些困难主要来自民族区域社会特征的复杂性,这些复杂性表现在民族地区的经济发展缓慢、文明进程迟缓、科技传播有限、民族交往范围狭小、公民社会发育程度低、贫困覆盖面广等,这些民族区域社会特性使得宗教慈善组织在民族地区从事扶贫公益活动具有社会服务领域的广泛性、扶贫救助任务的艰巨性和活动组织的长期性等特征。体现在学术理路上,对宗教类或宗教背景的民间社会组织参与扶贫公益事业活动的研究应是当前学术界关注的重点之一,主要的研究问题集中在民族地区宗教慈善组织从事扶贫公益活动的过程中,与沿海经济发达地区的宗教慈善组织相比,在经济欠发达的民族地区进行扶贫公益活动是否具有本土特色、特殊困难和后发潜力,民族地区宗教慈善组织如何与其他沿海经济发达地区的宗教慈善组织实现互动合作,共同推进我国宗教慈善事业的现代转型,扩大社会影响力、公信力和美誉度等。为此,笔者选择民族地区的宗教慈善组织进行论述,以广西佛教济善会从事扶贫公益活动为样本进行个案观察和分析,应用宗教学、管理学、社会学、经济学等学科多

---

[1] 郑筱筠."另类的尴尬"与"玻璃口袋"——当代宗教扶贫公益的"中国式困境"[J].世界宗教文化,2012(1):54.

[2] 郑筱筠."另类的尴尬"与"玻璃口袋"——当代宗教扶贫公益的"中国式困境"[J].世界宗教文化,2012(1):52.

维视角探索民族地区具有宗教信仰背景的社会组织从事扶贫公益活动的特性及宗教慈善文化传承创新理路,通过对民族地区宗教慈善组织从事扶贫公益活动的价值承载、运行模式、困境梳理、路径创新等方面的深入研究,为扶贫公益事业政策的决策者、研究者和实践者提供新的理论分析构架和决策参考策略,以期对我国宗教扶贫公益事业的基础理论研究和现实发展起到借鉴作用,推进我国民族地区宗教扶贫公益事业在社会公共服务领域、特殊群体的社会救助、和谐社会建设上发挥更为重要的作用。

二、广西佛教济善会参与贫困治理的社会意义

宗教慈善组织作为有形的社会存在,其在从事扶贫公益活动过程中就必须立足于民族地区的区域社会特征,以其价值承载的作用力去参与影响民族区域社会的公共服务领域、突发灾害危机事件、不同苦难群体和贫困家庭,通过宗教慈善组织从事扶贫公益活动在现代社会中的主体价值和社会意义的行动表达,可以凝聚民族地区人们的慈善爱心,增强人们的慈善意识,更新人们的慈善观念,增进不同民族之间的情感交流和社会融合,使扶贫公益事业在推动区域现代经济社会变迁中产生更大的影响力。

(一)广西佛教济善会从事扶贫公益活动是扩大我国社会救助主体的重要社会力量

社会救助,是指国家或社会主体(社会团体、慈善组织和个人)根据有关法律规定,向处于生活困境的社会成员提供援助与支持的方式。民族地区社会的经济文化发展还比较缓慢,贫困地域和贫困群体分布广泛,需要进行社会救助的领域和群体就会更多,民族地区的宗教慈善组织参与社会

救助的范围需要不断扩大。面对我国民族地区社会转型期的特殊矛盾和社会救助覆盖面不断扩大的新形势,单靠政府设置的社会救助制度显然不能够完全满足社会救助不同层面的需求,有学者早在10年前就指出:"面对我国仍拥有数千万贫困人口、贫困问题突出而政府救助能力不足、反贫困的任务依然艰巨的国情,我们完全应该在完善、健全政府救助的同时,创造条件开发社会救助资源,推进非政府组织和社会成员之间的社会互助,形成以政府为主导、以非政府组织为补充的、立体交叉、纵横交错的、面对社会各类弱势群体的社会救助系统。"[1]在民族地区的社会救助的参与主体中,宗教慈善组织逐渐发展成为社会救助的一支重要社会力量。2002年5月在广西贺州飞来寺成立的广西佛教济善会由自愿奉献爱心的佛教徒人员组成,为非营利性慈善事业组织。广西佛教济善会成立以来,社会救助领域、受助对象和服务区域不断扩大,仅2011年,广西佛教济善会资助贫困学生165名,关爱孤寡老人88名,建立爱心书屋13个,生活物资捐助13万多元人民币,从社会募捐衣物、被褥等,寄至山东、云南、西藏、广东、新疆、内蒙古、湖南及广西等地的贫困家庭[2]。可以看出,虽然广西佛教济善会的规模不大,但其在广西特定的民族区域内从事的扶贫公益活动,对于民族地区特殊群体的及时救助起到了较为重要的作用。同时,广西佛教济善会还把救助对象扩展到广西区外的省份,虽然救助的范围和领域还比较小,但也说明了民族地区宗教慈善组织的救助能力在不断提升,其中也蕴含着民族地区宗教慈善组织敢于承担社会责任的价值取向。

(二)广西佛教济善会从事扶贫公益活动的扶贫沟通方式是少数民族受助群众自助能力培养的有益途径

受历史、自然条件、地理位置、区域经济发展水平等方面的影响,民族

---

[1] 许琳,薛许军.论我国社会救助的多元化主体[J].中国软科学,2002(8):42.

[2] 莫光辉,祝慧.宗教慈善组织的发展困境及治理转型探索——基于广西佛教济善会的个案分析[J].太原理工大学学报(社会科学版),2012(5):69-73.

第六章　广西佛教济善会参与贫困治理的实践

地区人民群众思想观念较为保守,具有排外心理;视野不够开阔,个体自我发展能力较差;贫困现象严重,脱贫选择机会较少。据广西壮族自治区扶贫办2012年3月21日对外公布的贫困村名单可知广西现在还有3000个贫困村,广西壮族自治区人民政府2012年4月11日公布的《广西壮族自治区人民政府关于公布国家和自治区扶贫开发工作重点县名单的通知》可知,广西还确定了国家扶贫开发工作重点县28个和自治区扶贫开发工作重点县21个。从我国社会救助和扶贫工作效果来看,关注贫困个体的"造血"扶贫开发和救助方式比简单的物质给予更有成效,对贫困者的内心更为震撼,对其自身今后的发展才更有推动力。有学者近期就撰文指出:"我国社会救助制度在从生存型救助走向发展型救助过程中,应当从生活救助到注重能力救助、从消极救助到积极救助、从单一性救助到多元化救助、从补救性救助到注重预防性救助、从救助管理到救助服务上实现我国社会救助的制度转型。"[1]基于民族地区少数民族群众在社会交往上存在对陌生人的造访往往抱有强烈的怀疑或戒备心理,为了不断消除一些少数民族救助群众对外界社会的戒备和排斥心理,及时消除受助对象在困难时期的心理压力,广西佛教济善会在确定帮扶名单之后,就会组织一些义工和志愿者代表前往帮扶对象家里进行救助物资发放,在受助者接受捐助后,义工和志愿者代表不是马上离开,而是推心置腹地和受助对象及其家庭成员进行较长时间的谈心交流,帮助受助对象分析当前困难产生的原因和出路,介绍一些有用工需求的企业帮助受助对象进行劳动力转移,鼓励受助对象树立生活信念。在准备离开受助对象家里时,义工和志愿者的组织者还会把自己的联系方式告知受助对象,并在间隔一段时间后,安排受助对象回访活动。这样,通过不断的接触和交往,使得民族地区的受助对象接受救助过程中开阔眼界,增强自信,增加就业机会,培养个人的自助能力。

---

[1] 尹乃春.走向发展型救助:社会救助的制度转型与目标选择[J].广西社会科学,2012(1):133.

（三）广西佛教济善会从事扶贫公益活动是促进各民族群众交往频次和增进民族情感融合的有效载体

广西地处中国西南,境内拥有壮族、汉族、苗族、瑶族、侗族等12个少数民族,是我国多民族聚居地之一和五个民族自治区之一。近年来,特别是广西北部湾经济区上升为国家战略后,全国各地前往广西谋求发展机会的人员逐年增多。广西佛教济善会以"以人为本,服务社会,正知正觉,共证菩提"为宗旨,秉承"十方来,十方去,十方共成十方事;万人施,万人用,同结万人缘"的理念接纳广大义工和爱心人士入会,不管是广西籍还是其他省市人员,不管是任何民族成分,不管男女老幼,不管从事哪种职业(违法犯罪分子除外),只要是有爱心又想参与扶贫公益事业,都可以自愿申请入会。因为入会只有"爱心"门槛,会员不用交纳会费。所以,广西佛教济善会会员遍布广西各地和全国部分省市,大家有着相同或不同的民族身份和民间信仰,会员间在从事扶贫公益活动的组织协调中会进行彼此的沟通和交流,来自全国各地的相同民族之间、不同民族之间的爱心人士通过广西佛教济善会这座扶贫公益活动的桥梁在广西民族区域社会中不断增进情感交融和民族交往。

三、广西佛教济善会参与贫困治理面临的主要问题

从20世纪90年代以来,我国的宗教慈善组织在慈善捐赠数额、志愿者数量、扶贫公益项目、社会服务领域、慈善组织自身建设等方面都取得了很大的进步,但我们更要从整体上认识到我国慈善事业发展目前还处于起步发展阶段,宗教慈善组织还面临转型社会的多维救助需求难以满足、专业人才队伍缺乏、善款筹集难度加大、组织自身能力建设等发展瓶颈。不同地区或是同一地区的不同宗教慈善组织的发展困难各异。而民族地区宗教慈善组织受民族区域社会历史、经济、文化等发展水平的限制,其在发展

第六章　广西佛教济善会参与贫困治理的实践

的过程中会面临更多的困难。下面,笔者以广西佛教济善会为例,对其在发展过程中的困难进行分析,以便梳理出我国民族地区宗教慈善组织的发展困难特性。

(一)起步晚,规模小,群众参与意识还比较淡薄

从全国宗教慈善组织的总体发展来看,我国的宗教慈善组织从事扶贫公益事业从20世纪90年代以来才逐渐取得迅速发展,如中华慈善总会在1994年才成立,同年,厦门南普陀寺慈善事业基金会正式成立,这是我国第一家经政府民政部门批准设立的具有法人资格的佛教慈善机构,也是中华慈善总会的创始会员和特邀理事。截至2012年,中华慈善总会已有300个会员单位。而在同一时期,广西少数民族地区境内的媒介传播还不发达,外界信息传入周期长,导致民族区域社会内的少数民族群众对宗教组织的认识还存在偏差,宗教慈善组织起步也比较晚,群众的参与意识还不是很强烈,与沿海地区的宗教慈善组织相比还存在很大的差距,从宗教慈善组织的成立时间和当前规模来看,其对比相当悬殊。如广西佛教济善会成立于2002年,目前会员1000人左右,而厦门南普陀寺慈善事业基金会成立于1994年,目前的海内外注册会员已达15980人,从成立时间来看,广西佛教济善会要比厦门南普陀寺慈善事业基金会晚8年,从年均入会会员人数来看,广西佛教济善会每年约100人入会,厦门南普陀寺慈善事业基金会每年高达880多人。这个数据对比,一方面说明民族地区的宗教慈善组织起步晚、发展规模比较小,民族群众参与宗教扶贫公益活动还不充分;另一方面,也可以预测,民族地区宗教慈善组织的发展空间还很大,民族群众参与宗教扶贫公益活动的潜力有待挖掘。

(二)组织结构不健全,管理体制相对松散

广西佛教济善会由释克真法师创建,成员基本上是法师、义工和志愿

者。目前该会有自己的宣传网站——广西济善公德网(http://fjjsh.com/)，设有济善QQ交流群5个。广西佛教济善会成立至今，还因各种原因未到政府民政部门进行注册登记，也没有建立内部的管理机构，没有专职人员，开展活动主要是由入会较早、有公益激情的义工来发动和组织。与其他社会慈善组织相比，广西佛教济善会参与人员以佛教信众为主(也存在部分非佛教信众)，其成员的奉献精神、志愿服务和信任感更为持久，组织运作的成本相对低廉，但义工组织者受家庭、工作、能力、时间、阅历、知识结构等自身条件的局限，没有现代管理意识。一个宗教慈善组织从事扶贫公益活动完全依靠义工兼职进行活动策划、组织实施，过于主观随意又没有制度制约，不利于宗教慈善组织的规范化、制度化管理，也会间接制约民族地区宗教慈善组织从事扶贫公益事业的常规化、长期化和规模化发展进程。相比较而言，厦门南普陀寺慈善事业基金会的组织结构就显得完善点，南普陀寺慈善事业基金会建立有比较完善的管理机构和严格的管理办法，行业主管部门为厦门市民政局，该基金会由慈善处、义诊院、法物流通处和佛经赠送处四部分组成，另设有会长室、审计室、宣传室、档案室、文印室、传达室等。这说明民族地区宗教慈善组织自身还存在组织化程度低、管理体制不规范的现实问题，急需在新的时期通过组织内部管理体制创新的方式优化组织结构，通过规范管理、责任明确的各项奖惩制度和措施激发民族地区宗教慈善组织本身的组织活力，壮大宗教慈善组织规模。

(三)组织成员文化层次较低，社会服务内容有待拓展

从全国的文化教育发展对比来看，民族地区的文化教育事业发展还比较落后。广西佛教济善会受义工知识背景、文化水平、人员数量等方面的限制，其从事的扶贫公益活动主要集中在不定期地向受灾地区捐赠被褥、食品等生活物质，向贫苦家庭赠送衣物，向贫困生提供经济资助等比较表面的扶贫救助，主要是通过先募集爱心人士的经济和物质捐赠，然后再把

第六章　广西佛教济善会参与贫困治理的实践

这些爱心人士的经济和物质捐赠转交给受助群体,"中转站"的作用更为明显,在社会公共服务领域的养老、托幼、医疗卫生服务、环境保护、灾后重建、社会公共设施建设等方面都还没有能力涉及,服务领域有待拓展。相比较而言,厦门南普陀寺慈善事业基金会的社会服务领域就显得更加广泛些,厦门南普陀寺慈善事业基金会成立以来的服务内容有慈善、医疗、教育、文化四大类,包括希望工程、资助病残、扶贫济困、安老慰孤、义诊施药、放生护生、赈灾救急与祈福消灾八方面的具体服务内容。这说明民族地区宗教组织的大部分组成成员学历层次还比较低,服务内容拓展受到限制。另外,也说明居住在民族地区的高学历人才、有专业技能的技术人才对宗教慈善组织关注太少,对宗教扶贫公益活动参与太少,民族地区宗教扶贫公益活动的服务领域和能力提升也急需富有爱心的高学历人才、有专业技能人才的积极参与和支持。

(四)组织成员开放视野缺乏,对外交流与合作机会太少

广西佛教济善会的交流集中在会员之间和济善QQ群成员之间,很少与广西壮族自治区区内外的其他社会公益组织进行交流,也没有与国内外的企业、公司合作进行扶贫公益项目开发,还没有过和境外扶贫公益组织接触的经历。笔者曾经向广西佛教济善会南宁地区负责人咨询厦门市同心慈善会的事情,该负责人说:"你可以自己去查阅一下,我不大接触。或许,你可以查找一下台湾慈济会,好像在南宁也有,不过,我没接触过,也没他们的信息。"从与该负责人的交谈中,笔者发现,受区域文明进程和个体知识层次的影响,民族地区群众还不善于、不乐于与外界交往。比如说,广西佛教济善会的组织者过于强调佛教里讲的一切随缘教理,更多的是把慈善组织的发展壮大看作一个自发的过程,等待爱心人士主动上门联系捐赠事宜,缺乏对外交往的主动性和积极性,缺少对外争取发展机会的自觉性和紧迫感。这也说明民族地区宗教慈善组织的组织者要破除对外交往的

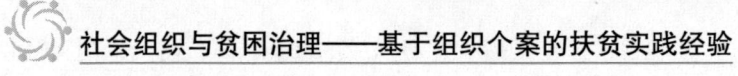

心理障碍,以开放的心态积极融入社会的各个阶层中去,通过多种途径积极寻找与社会各界交流和合作的机会,通过加强对外交往合作谋求宗教慈善组织的发展空间。

(五)组织机构管理不规范,监督监管机制缺失

广西佛教济善会在协会宗旨上明确了开放性,包括公开、公正、公平、透明,勇于接受社会的监督与质疑。每次进行扶贫公益活动后,会在广西济善公德网上公布捐赠信息、账目来往清单、活动照片和视频资料等。而广西佛教济善会成立以来,还没有政府相关部门对其开展的慈善活动进行监管,也从未进行过年度财务审计,广西济善公德网上公布的监督电话号码却是广西佛教济善会南宁地区负责人的私人手机号码,变成宗教慈善组织的管理者自己监督自己了。这说明民族地区宗教慈善组织在接受政府和社会监督上存在监督机制缺失,主动自觉接受社会监督的意识还不强烈;另外,也说明民族地区社会组织的相关管理部门对社会公益组织的管理还不到位,引导、培育、监管社会公益组织的规章制度和帮扶政策还不健全。

四、宗教类慈善组织参与贫困治理的发展策略

经过30多年的改革开放,我国创造出了世界经济的奇迹,据国家统计局数据显示,我国经济总量在世界的排序从2002年的第六位上升至2010年的第二位,人民群众总体物质生活水平大幅度提高。但由于频发的自然灾害、地区发展的不均衡,农村和老少边穷地区还有不少人处于贫困状态,农民工问题和因此引发的城市边缘人群问题、失业问题、老年问题、儿童问题等已经成为当前我国社会公共服务的难题,这些社会发展难题在少数民族地区就显得更为突出。而这些社会需求和社会问题仅靠政府和市场来解

决显然还不够,亟待社会扶贫公益组织的力量来补充,这对我国的宗教慈善组织来说是机遇也是挑战,要更大程度地发挥宗教慈善组织的作用就需要我国宗教慈善组织在慈善理念、管理机制、服务能力等方面进行变革,突破限制自身发展的瓶颈,才会有能力参与解决我国当前经济全面转型和社会建设全面提速带来的社会公共服务领域的新矛盾和新问题。从上文对我国宗教慈善组织的治理困境的分析来看,民族地区宗教慈善组织的治理转型需要从政府部门、宗教慈善组织、社会各界等方面形成社会合力,共同推进。

(一)以完善立法和管理体制改革为基点,建立政府规范、支持、监督民族地区宗教慈善组织发展的外部动力机制

1. 加快慈善法的立法进程,规范宗教慈善组织的扶贫公益行为

从国家层面上来看,宗教慈善组织和其他慈善组织一样,都要在法律规定的范围内从事扶贫公益活动。自2005年以来,每年都有政协委员呼吁出台慈善事业的全国性法规,而时至今日,慈善事业法立法工作还没有完成。慈善法的立法、颁布和实施是全国扶贫公益组织走向制度化和法制化轨道的法律基础,也是民族地区宗教慈善组织活动可持续发展的法律保障。所以,全国人大要加快慈善法的立法进程。国内有学者也表达出了相似的观点:"在社会建设中,推动、加强、完善公益慈善事业的立法工作,制定相关的法律和法规,推出相应的政策举措,已很有必要。"❶

2. 建立和实施政府购买服务制度,提升民族地区宗教慈善组织项目执行能力

政府购买服务可以追溯到18世纪60年代,政府购买服务主要是指政府把部分公共服务职能,以转移、委托的方式,提供给市场和社会组织。20世纪80年代后在美国、英国、德国、日本等世界发达国家兴盛,逐步成为各国

---

❶ 卓新平,张训谋,王卡,等.再论宗教与慈善公益[J].世界宗教文化,2012(2):30-38.

政府向社会分担公共职能的主要方式,这些国家政府主要向企业大量购买项目工程和基础设施建设,而社会组织通过项目运作在基础教育、公共卫生、养老、残障、失业等领域提供社会服务。我国经济条件比较好的上海、广东、北京等省市政府从20世纪90年代末开始尝试政府购买服务制度试点。民族地区的宗教慈善组织可以根据当地政府实施政府购买制度的情况,结合自身优势,积极竞争有实力、有能力完成的政府购买项目,不断提升宗教慈善组织项目执行能力,拓展社会公共服务领域。

3. 完善宗教慈善事业监管体系,提高民族地区宗教慈善组织的公信力

组织公信力是扶贫公益活动的灵魂所在,是社会大众进行捐赠选择的首要考量因素。陈东利博士在一项研究中指出:"慈善组织是建立在信任基础上的团体,其成败很大程度在于能否取得社会公众的信任。对于慈善组织来说,良好的社会形象和较高的社会公信力是一笔宝贵的无形资产,对其长远发展起到至关重要的作用。除了法律约束、社会监督等他律方面的外部要求外,更需慈善组织严格自律,在队伍建设、财务管理、规范制度上下功夫。"[1]因此,民族地区宗教慈善组织的公信力建设在于政府相关部门和宗教慈善组织自身相互合力推进。一方面,民族地区民政、宗教、工商、审计等部门要建立对宗教扶贫公益组织的年检和评估工作制度,重点加强对宗教扶贫公益组织的信息披露、财务报表和重大活动的监管,逐步形成法律监督、行政监管、财务和审计监督、舆论监督、公众监督、行业自律相结合的宗教慈善事业监管体系。另一方面,民族地区宗教慈善组织要主动推进慈善信息公开制度建设,完善捐赠款物使用的查询、追踪、反馈和公示制度,逐步形成对慈善资金从募集、运作到使用效果的全过程监管机制,并自觉接受政府有关部门的指导、管理、监督和检查,切实提高宗教慈善组织的公信力。

---

[1] 陈东利.慈善组织的公信力危机与路径选择[J].天府新论,2012(1):104.

第六章　广西佛教济善会参与贫困治理的实践

（二）以民族地区宗教慈善组织的内部体制改革治理为重点，拓展组织自身发展的内在潜力

1. 健全以章程为核心的法人治理结构，规范民族地区宗教慈善组织的内部管理

治理结构一般指治理的机构、体系及其内在控制机制，通常由决策层、执行层和监督层组成，建立法人治理结构是国外公益服务机构治理的普遍做法。有学者也撰文指出："从中国宗教扶贫公益组织而言，加速自身内在机制的转型，积极主动向专业化、社会化方向发展是关键。"[1]所以，民族地区宗教慈善组织要健全以章程为核心的法人治理结构和内部运行管理机制，采用现代组织策略和精细化的科层制进行规范管理，实行阳光运作，加强慈善工作队伍的专业能力建设和职业道德建设，建立和完善财务管理和信息公开制度，在尊重捐赠人意愿的前提下，及时、真实、准确、完整地公开应当公开的信息，自觉接受信教群众和社会的监督，防止极少数不法分子以开展扶贫公益活动为名聚敛钱财和进行传教等其他不正当活动。

2. 创新慈善救助内涵和形式，开发民族地区宗教慈善组织富有特色的扶贫公益项目

民族地区宗教慈善组织应当结合区域资源优势，根据社会需求进行特色扶贫公益项目的统筹规划，探索"以民族资源打造特色项目、以特色项目吸引捐助、以社会捐助推动救助"的慈善资金筹措和社会救助模式，在扶贫济困、救灾、助残、安老、支教、义诊、环保、改善公共设施等找准民族地区特色项目定位，通过特色扶贫公益项目的实施，为民族地区不同社会成员参与慈善构筑平台、提供条件；引导公众通过在线捐赠、慈善消费、慈善义演、义拍、义卖、义展等新型捐赠渠道奉献爱心，吸引更多的慈善资源参与慈善事业。有学者也认为，"作为一些民间的'草根'慈善组织在资金缺乏的情

---

[1] 郑筱筠."另类的尴尬"与"玻璃口袋"——当代宗教扶贫公益的"中国式困境"[J].世界宗教文化, 2012(1):56.

况下更加应该注重活动项目的选择及对项目的品牌打造理念,如果还是遍地撒网式地开发毫无特点的活动项目只会给组织造成更大的经济压力,小而精的项目选择方式将会是小型慈善组织的发展趋势"[1]。

3. 增进组织间的对外交流,推进民族地区宗教慈善组织合作开放程度

在全球化、工业化、信息化迅猛发展的社会形势下,任何组织和个人都不可能孤立封闭地成长,民族地区的宗教慈善组织也应当要顺应并融入时代发展的潮流,积极开展与其他社会组织的交流和沟通,民族区域社会内的不同宗教慈善组织之间可以发扬不同宗教的优良传统,求同存异、合作互补,共同参与社会扶贫公益事业建设。同时,在全球化的背景下,我国民族地区的宗教慈善组织要适应国际政治、经济、环境变化和国际合作交流的客观需要,推进扶贫公益组织的国际交流与合作,一方面要吸引更多国际慈善资源为我国慈善事业发展服务;另一方面要向有需要的国家和地区提供跨国界、跨民族、跨文化、跨宗教的国际性扶贫公益服务。有学者也建议:"从外部来说,佛教慈善组织应当积极争取和政府以及相关机构合作,避免各自单打独斗,造成慈善资源的浪费。"[2]"中国宗教扶贫公益活动将会进行有机整合,从各自分散性的扶贫公益活动进而逐步发展为联合性、整体性的宗教扶贫公益活动,从而更有力地展示宗教扶贫公益活动的社会贡献力量。"[3]

4. 加大扶贫公益活动宣传,注重民族地区宗教慈善组织的社会美誉度建设

组织的美誉度是组织成员通过特定的行动和事件在社会的传播并得到社会认可、赞赏的良好评价,组织的美誉度也是一个组织得以发展壮大的品牌优势。宗教慈善组织在加强自身主办的网站、期刊、报纸宣传平台建

---

[1] 张祖平.中国慈善组织资金筹集问题研究[J].社团管理研究,2011(1):35.
[2] 欧阳镇.我国佛教慈善事业的拓展及前景[J].深圳大学学报(人文社会科学版),2012(1):133-134.
[3] WLLER W,张江,刘培峰,等.对话宗教与扶贫公益[J].世界宗教文化,2011(2):15.

第六章 广西佛教济善会参与贫困治理的实践

设之外,还要加大与报社、电视台、电台、网站等传播媒介的合作,以便开展的扶贫公益活动得到最为广泛的宣传推介。当前国内的媒介主体对宗教慈善活动关注度不够,有学者也已经认识到:"一些宗教界开展公益慈善项目经过多年的经营,逐步实现了规模化、制度化、专业化,透明度高,社会效益好,解决了一部分群众的实际困难,为地方政府分担了压力,得到政府和社会的肯定。但是,对宗教界的这些成绩的肯定,主要是通过政府部门举行的各种表彰,一般局限在宗教界内部,很少付诸媒体向社会、大众进行宣传。政府部门、新闻媒体鉴于宗教的敏感性,在宣传方面始终保持谨慎的态度。"[1]在这样的背景下就更需要在加强与地方媒体合作上寻求新的突破,通过媒介的正面报道使政府部门工作人员、企事业单位职工和社会普通群众更多更全面地了解、熟悉宗教慈善组织的扶贫公益活动开展情况,最大限度地争取社会慈善资源。同时,宗教慈善组织还要深入广大城市和农村社区中去,与社区领导和群众取得密切的联系,这样,一方面,可以使自己更为熟知城市和农村社区的具体情况;另一方面,也可以使社区在遇到需要帮助救助的特殊紧急情况时,随时向宗教慈善组织进行告知。

5. 推广扶贫公益文化理念,营造人人都是慈善家的社会扶持互助氛围

我国的慈善理念在先秦哲人的思想中就已经蕴含,儒家讲"仁爱",孔子强调"仁者爱人"(《论语》),孟子主张"老吾老以及人之老,幼无幼以及人之幼",都从个人修养和做人的角度,阐述了关爱他人特别是关爱老人、儿童等弱势群体的根本价值取向;墨家"墨子兼爱,摩顶放踵,利天下为之(《孟子·尽心章句上》)",强调"爱人若爱其身"(《墨子·兼爱》);而道教的"行善积德"更将慈善行为归结为一种宗教情怀。佛教传入中国后,强调慈悲为怀、普度众生。民族地区宗教慈善组织内涵宗教信仰情怀,但组织本身并不是宗教,宗教慈善组织在进行扶贫公益时也不传播宗教,但是宗教慈善组织可以结合教义精髓,宣传慈善文化的内涵。郑筱筠研究员也指出

---

[1] 董栋.宗教界开展公益慈善事业问题研究[J].世界宗教文化,2012(1):51.

慈善文化理念在宗教扶贫公益活动中的重要性,"只有在中国宗教性组织的实践模式中去践行中国宗教慈善的文化模式,去体现慈善文化价值,才能逐步探索和发展出适合中国特色的身份认同模式"[1]。民族地区的宗教慈善组织要在从事扶贫公益事业的活动过程中不断提炼和丰富宗教扶贫公益文化内涵,使宗教朴素的悲悯情怀融入到社会大众的爱心行动中,增强人们爱人类、爱社会、爱他人、爱自然、爱生命的扶贫公益意识,使扶贫公益文化的影响力内化为全社会自觉的扶贫公益行动,从而推进我国民族地区宗教扶贫公益事业在提供社会公共领域的服务进程中实现现代转型。

---

[1] 郑筱筠."另类的尴尬"与"玻璃口袋"——当代宗教扶贫公益的"中国式困境"[J].世界宗教文化,2012(1):58.

第七章 广西桂平龙华寺参与贫困治理的实践[1]

一、广西桂平龙华寺参与贫困治理的项目实践

广西桂平龙华寺始建于唐末宋初,是中国重点佛教寺院,是目前广西规模最大的一座寺庙。

广西桂平龙华寺在当代社会参与的过程中,遵循的是"人间佛教"的理论,即活动不限制对方宗教信仰,不传教,也没有宗教色彩。在发起与参与社会活动的过程中,目的是唤起社会群体对公益的重视,认为这样是创造宗教价值的有效途径,有助于佛教在当代发挥价值。

广西与龙华寺类似的佛教组织所参与和发起的社会公益活动,具有如下特点。首先,在活动的筹备开展过程中始终保持价值中立,即不带任何的宗教色彩,也不会对其他参与者的宗教信仰有要求。其次,佛教组织在社会参与的过程中,已经逐渐改变以往的单纯的物质性援助,更注重发挥参与者、受助者自身的才能,发掘其内在价值。广西桂平龙华寺近年与中共中央统一战线工作部、国家民族事物委员会、广西桂平龙华寺青年团合作,成功举办了多次以扶贫为主要目的的公益活动。

---

[1] 本章由广西大学公共管理学院社会工作专业2013级学生杨冬妮采写,文责自负,在此谢意。

（一）留守儿童"国学夏令营"活动

2015年暑假，广西桂平龙华寺与桂林明心寺共同开展了"国学夏令营"活动。主要是组织当地留守儿童参加为期一周的国学学习活动，帮助其了解中国传统的礼仪文化，在此期间，招募全国各地的大学生志愿者参与。国学夏令营活动在暑假举行，有效缓解了孩子们的消极情绪，帮助他们通过传统文化的学习纠正认知偏差。同时，帮助孩子们，开放地面对真实的自己，以正确的方式觉察和对待外部世界。活动收效颇丰，不仅是参与活动的150名留守儿童，大学生志愿者、活动的组织者们都从其中获得了很大的精神回报。

（二）重阳节敬老院慰问活动

2015年10月，广西桂平龙华寺组织相关人员前往桂平市紫荆镇养老院慰问老人。活动得到了很多居士及社会各界的关注与支持，共筹集到2112元人民币，全部用于购买送给老人的食物和生活用品。活动过程中，义工还帮助敬老院打扫卫生、整理木柴等。

（三）古滩小学"爱心助学"及特困生家庭慰问活动

2015年12月，广西桂平龙华寺组织开展"古滩小学爱心助学"活动，除了为全校76名学生准备了崭新的书包、文具、课外读物、体育器械等物品外，还进行了特困生家庭慰问活动。古滩小学位于紫荆镇古滩村，古滩村是紫荆镇8个贫困村之一，特困家庭数量较多。经过事前了解，古滩小学共有8位特困生，他们或是孤儿，或是单亲，家庭条件都比较困难。为此，2015年12月11日上午，青年团在学校慰问完全校师生后，在中午放学期间，团队共分成5个慰问组对8个特困生家庭进行慰问并了解家庭具体情况。广西桂平龙华寺本身力量也是有限的，因此在扶贫过程中面对特困家庭，开展个案帮扶时,主要是通过组织的活动,唤起社会的关注,给予有需要的特困家庭一些援助。

(四)环保公益——对北江桥及玛丽山的清洁活动

2016年春节期间,广西桂平龙华寺先后两次号召青年志愿者,参与对北江桥及玛丽山的环保清洁活动。这是广西佛教组织关注环保的活动,受到了社会各界的广泛关注和正面评价。由此说明,佛教组织在公益事业的发展上仍存在很大的发展空间。

(五)金田镇罗蛟小学爱心助学活动

2016年3月19日,广西桂平龙华寺组织发布《金田镇罗蛟小学爱心助学倡议书》,罗蛟村地处边远山区,是金田镇贫困村之一。罗蛟地处山区,耕地极少,没有耕作致使村民收入低下,缺乏经济来源,导致贫困家庭较多。从2016年3月19日发出助学倡议书至活动开始,一共收到208人次共计33562.2元人民币的爱心捐款。

2016年4月2日,广西桂平龙华寺组织开展面向金田镇罗蛟小学的捐资助学活动。全校学生151人,其中,学前班16人、一至六年级135人,贫困生有29人之多。组织者为全校151名学生购买了书包、各种文具、体育用品、游戏棋类、蛋糕牛奶等物资,还捐赠了312本课外书籍。希望在保障学生们学习资源的同时也能丰富大家的精神资源。此外,为29名贫困生购买了众多全新学习与生活物资:服饰床品(衣服裤子、鞋子、羊毛被、纯棉被套);粮油食品(大米、花生油、牛奶、面条、面包蛋糕);生活用品(牙膏、牙刷、洗衣粉、雨伞、风扇);学习用品(多份作业本、铅笔、中性笔、橡皮擦、彩色笔、笔盒、套尺)等。并走访了5个贫困家庭,整理各个贫困家庭的资料向社会爱心人士发出帮扶倡议。

二、广西桂平龙华寺参与社会公益行动面临的问题和发展策略

第一,运用互联网等先进技术,纠正部分群体对佛教组织的认知偏差。龙华寺近年已经开设了微信公众号等网络服务,对外公布寺庙法事活动的同时,也对开展的各种公益活动,如为孤寡老人送温暖、关注留守儿童、环保清洁等进行宣传,宣扬社会主义核心价值观。佛教组织在国内的发展,必须适应社会主义的主流文化,在跨文化的交流中找到契合点和立足点,才能真正发挥佛教组织的社会功能。

第二,充分发挥宗教的教化功能,消除转化负能量。一些佛教教义与社会主义核心价值观是一致的,如教导人们与人为善、诚实守信、关心他人。在筹备和开展社会公益活动的过程中,佛教组织既要暂时褪去宗教的外衣,做到活动不涉及宗教色彩,便于更多人接受和参与,也要将佛教教义融入社会主义核心价值观中,正确发挥佛教组织的社会整合等功能。

第八章 南宁青少年健康服务学会参与贫困治理的实践

2013年9月26日,《国务院办公厅关于政府向社会力量购买服务的指导意见》(国办发〔2013〕96号)颁布后,标志着政府对传统的公共服务供给制度的创新。国内学者唐咏、林顺利认为,该指导意见的发布,是基于对深圳、广州等地的政府向社工机构购买社工服务试点城市经验的肯定,是社会工作协同社会管理创新,实现政府社会管理从无限责任到有限责任转变的开端。如今,我们可以看到,民办社会工作服务机构(简称"民办社工机构")已经发展成为政府向社会力量购买服务的主要对象之一,社会工作服务机构的领域从社会工作服务发达的东部地区扩展到了欠发达的中西部地区,从服务城市社区扩展到了服务边远农村社区,特别是活跃在一些社会矛盾较为突出的民生领域,如贫困地区的贫困治理领域,社会工作服务机构的作用也日益凸显。笔者通过对广西南宁青少年健康服务学会的参与式观察,在较为全面地梳理民办社工机构参与农村贫困治理的基础上,提出了民办社工机构参与农村社区贫困治理的可行性路径,以期民办社工机构在参与国家治理和社会服务的进程中增强自身能力建设,拓展社工机构的发展空间。

一、民办社工机构及其参与贫困治理的含义界定

(一)民办社工机构的含义

民办社会工作服务机构(简称"民办社工机构"),是以社会工作者为主

体,坚持"助人自助"宗旨,遵循社会工作专业伦理规范,综合运用社会工作专业知识、方法和技能,开展困难救助、矛盾调处、权益维护、心理疏导、行为矫治、关系调适等服务工作的民办非企业单位[1]。这里强调社工机构的民办性质,实质上是指社工机构的独立性。美国经济学家斯蒂格列茨的"政府经济学"理论认为,一国政府在性质上区别于营利性组织,先天缺失追求成本最小化的内生性动力,这使其履行在为民众提供公共服务的职能上不得不变成管理臃肿繁杂的机构,从而出现成本不断攀升而效率相应下降和服务欠佳的现象。但是,同时作为公共服务供给的生产者和提供者,它又必须考虑成本效率最优化的问题。而要解决这一问题,只有政府退出公共服务供给生产者领域,转而专注于公共服务供给提供者的角色,即政府作为"公共服务"的购买者来履行职能。从这一视角来看,我国的政府向社会力量购买服务机制恰恰是这一理论的实践。在政府购买机制下,社工机构通过与政府形成平等的契约关系,成为社会治理主体的一员,参与到社会治理领域,并在市场经济的自由选择下,为民众提供有针对性的"性价比高"的社会公共服务。此外,在社工机构与政府的独立性上,这一关系包含两个含义:一是社工机构是独立于政府之外的其他部门,这意味着社工机构在运营上要与政府完全分离;二是在政府购买机制上,社工机构与政府的关系是经济意义上的等价交换关系。

(二)民办社工机构参与农村社区贫困治理的含义

"社区"一词于20世纪30年代被引进,作为一个广为使用的词汇始于80年代中期。面对社会转型的迅猛发展,民政部将"社区"概念引入城市基

---

[1] 中华人民共和国民政部.民政部关于促进民办社会工作机构发展的通知(民发〔2009〕145号)[EB/OL].(2009-10-19)[2016-05-30].http://www.mca.gov.cn/article/zwgk/fvfg/shgz/200910/20091000039649.shtml.

第八章　南宁青少年健康服务学会参与贫困治理的实践

层管理和服务领域[1]，提出"社区服务"用于解决城市现代化进程中各种矛盾和问题。虽然城市社区服务发展迅猛，但由于我国城乡二元结构的巨大差异，社区服务开始进驻农村领域的过程十分缓慢。直到2006年"农村社区"这一概念才正式出现在人们的视野中。据戚学森先生于2008年出版的《农村社区建设理论与实务》中定义，农村社区区别于传统行政村和现代城市社区，它是由一定的人群、一定的地域、一定的生产和生活设施、一定的管理机构和社区成员的认同感等要素构成的社会实体[2]。农村社区构成主体是农民，经济基础是农业生产；从文化传统的角度，其血缘与亲缘关系凸显。随着改革开放的不断深入，农村原有的文化体系和氛围受到了重大挑战，农民传统的价值观发生变化，依靠血缘宗族关系维系的村落共同体日渐衰落[3]。在农村社区建设的过程中，有一部分人因为自然条件或自身素质等资源禀赋的缺乏而处于贫困状态，而贫困人口的脱贫致富问题是社会发展进程中需要解决的现实民生问题，因而，农村社区的贫困治理是农村社区经济社会发展的主要需求之一，需要政府决策部门和社会各界给予重点关注。

近年来，随着社会工作在社会治理领域中的优势不断凸显，我国学者开始关注社会工作嵌入农村社区治理的优势研究和可行性分析，对社会工作参与农村社区治理的研究兴趣不断。国内不少学者对农村社区发展的研究源于对农村社区发展动力以可持续的思考，认为社会工作服务有利于建立农村社区内源发展机制，增强自治力。在社会工作介入农村社区治理的优势方面，戴利朝、张丽娟认为，立足于优势视角下的社会工作服务，在解决农村社区治理问题上，可以推动农村管理模式的转型，增进农村社区居民的福利，满足农村日益丰富的社会需要，帮助基层社区整合社会资源，实现农村社区的可持续发展能力建设目标。另外，王守颂认为社会工作实

---

[1] 李素菊,袁光亮.社会工作与社区研究[M].北京:社会科学文献出版社,2010:152.
[2] 戚学森.农村社区建设理论与实务[M].北京:中国社会出版社,2008:25-26.
[3] 李长健.中国农村社区发展研究[M].北京:法律出版社,2013.

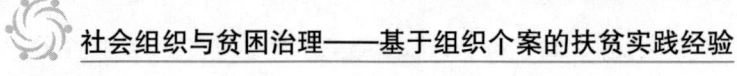

务直接介入农村社区治理是解决目前农村社区治理机构形式化、专业人才缺失、服务无效性以及居民公共意识薄弱等问题的有效举措。

通过对相关文献的回顾和梳理,基于政府购买社会服务视角分析,笔者认为,现阶段我国民办社工机构参与农村社区贫困治理是指民办社工机构作为法律意义上的独立法人,通过承接政府购买社会服务的农村社区服务项目进驻农村社区,承担农村社区贫困治理等农村社区经济社会建设任务,为农村社区提供专业社会工作服务,优化农村社区现代化治理结构,以实现农村社区的可持续发展。

二、南宁青少年健康服务学会简介

南宁青少年健康服务学会成立于2007年4月,是地方性的非营利性社会服务活动的社会组织,是一家专注青少年身心发展的社工机构。南宁青少年健康服务学会自成立以来,主要执行了广西民政厅、联合国人口基金、全球基金、玛丽斯特普国际组织、香港乐施会、广西壮族自治区卫生和计划生育委员会防艾办、广西壮族自治区疾病预防控制中心等多个单位支持的健康咨询热线、艾滋病预防及宣传、青少年健康成长宣传手册的开发、健康教育培训、青年发展项目等公益活动。

南宁青少年健康服务学会在项目执行中坚持"务实、创新"的精神,从"青年、爱、责任"的角度诠释公益服务;以"完整的理论框架、科学的工作方法"为重点培养内容,用"课堂学习、公益实践"的方式实现理论和应用的统一。

南宁青少年健康服务学会在具体活动中,除开展培训外,还支持公益青年进行社会实践和专项实习,重点培养从事健康、教育、流动儿童、艺术、环保、体育领域的青年大学生;努力搭建公益组织与大学生、企业与公益事业、青年与企业间沟通交流的桥梁,实现从"社会反思"到"公益行动"再到"环境创建"的整体改变。

三、南宁青少年健康服务学会参与贫困治理的功能显现

2011年,中共中央组织部印发了《边远贫困地区、边疆民族地区和革命老区人才支持计划实施方案》的通知。2013年,民政部发布了《民政部关于做好首批边远贫困地区、边疆民族地区和革命老区社会工作专业人才支持计划实施工作的通知》(民函〔2013〕87号)(简称"三区计划")。该计划是中共中央组织部、民政部、教育部、财政部、人力资源和社会保障部、国务院扶贫办联合推进的社会工作项目,其目标是从2012年至2020年,每年引导1000名社会工作专业人才到"三区"(边远贫困地区、边疆民族地区和革命老区)工作或提供服务,每年支持"三区"培养500名社会工作专业人才,积极推动"三区"社会工作专业人才队伍建设,引导民办社工机构参与农村社区贫困治理,社工服务介入农村贫困社区服务,大力发展"三区"社会工作事业,完善社会工作制度,提高社会工作服务水平,逐步实现社会工作服务均等化目标。

2013年,广西首批"三区计划"采用政府购买服务的方式,从12家民办社工机构和高校选派了50名社会工作专业人才到12个"三区"提供服务,并为当地培养了50名社会工作专业人才,项目得到了中央财政支持经费100万元人民币,广西民政厅配套30万元人民币。

南宁青少年健康服务学会是南宁市最早的一批社会组织之一,是南宁市公益领域的骨干力量。2013年,南宁青少年健康服务学会完成了由民间公益机构向民办社工机构的职能转变,并发展成为参与广西首批"三区计划"中的12家民办社工机构之一,被委托到国家级贫困县之一的金秀瑶族自治县长二村社区提供社工服务。项目实施从2013年6月至2015年6月,完成了二期项目计划,取得了良好的项目成效。笔者任教的学生米彦桦、吴清泉、谭友玲等自2014年8月在南宁青少年健康服务学会接受公益培

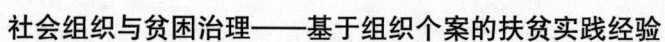

训，之后以实习生的身份在该机构于2015年8至10月连续实习了三个月的社工实务，通过对该项目发展过程中的服务对象、专业社工、督导、机构负责人等项目参与者进行观察，发现民办社工机构参与农村贫困治理的作用显著。

（一）南宁青少年健康服务学会参与贫困治理有效对接了政府购买服务功能

2013年，广西首批"三区计划"采用政府购买方式，通过与选派的民办社工机构签订项目协议，选派专业社工为"三区"农村社区服务对象提供了生产发展、困难救助、矛盾调处、人文关怀、心理疏导、关系调适等服务。据统计，在一期项目中，南宁青少年健康服务学会开展10余次社区活动，启动个案13个，培养3名社区领袖，开展2场社工培训，推动农为本社区发展中心注册。另外，通过对南宁青少年健康服务学会承接的"三区计划"进行整体分析，笔者总结了民办社工机构参与农村社区贫困治理过程后发现，民办社工机构参与农村社区贫困治理的过程，实际上是社工服务基于贫困治理的需求递送到农村社区的过程。

（二）南宁青少年健康服务学会参与贫困治理有助于推进农村治理转型

参与式理论在社区治理的实践是建立在农村居民相互尊重、平等磋商、分享经验的基础上，通过寻找共同利益和兴趣，经过必要的妥协达成社区共识[1]。尽管在学术界对于参与式理论存在着一些争议和反思，但这并不影响参与式理论在实践中的应用。相较于政府行政性的社区管理，参与式理念下的社区治理，能充分调动居民的积极性，引导居民参与到社区建

---

[1] 郭瑞香,蒋爱群,何晓军.参与式理论和参与式农村评估方法在澳援项目中的应用[J].河北水利,2004(9):10-11.

设中,增强居民对社区的认同感。在为金秀瑶族自治县长二村社区提供服务的过程中,南宁青少年健康服务学会就采用参与式村民自治方式,挖掘村民自我管理潜力,共同解决困扰多年的行路难、经济发展等共同关心的问题,促使村民改变"等靠要"的依赖和懒惰思想,加速当地输血型扶贫向造血型扶贫转变。

(三)南宁青少年健康服务学会参与贫困治理是政府绩效的有效表达

在"三区计划"项目执行的过程中,广西民政厅从资金、技术、管理等多种角度支持民办社工机构参与农村社区贫困治理领域,研究制定了《广西首批边远贫困地区、边疆民族地区和革命老区社会工作专业人才支持计划管理暂行办法》《2013年广西首批边远贫困地区、边疆民族地区和革命老区社会工作专业人才支持计划末期检查评估实施方案》等多个规范性文件,并由广西社会工作协会对项目进行全程动态监管,通过实地走访、文献查阅、听取汇报、检查财务原始账目等方式重点开展中期评估和末期评估,对发现的问题及时要求整改,防止合作机构在提供社工服务时未能按照要求执行项目进程,导致社工服务质量下降。

四、南宁青少年健康服务学会参与贫困治理面临的主要问题

(一)民办社工机构起步较晚,规模小

作为社会工作人才发挥作用的重要平台、社会服务的主要载体、社会建设的重要力量,民办社工机构在我国的发展历史较短,发展速度缓慢。

党的十八大政府工作报告中明确提出要发展专业社会工作,随之相关部委发布了许多支持社工行业发展的政策通知,并明确到2020年全国要发展8万家管理规范、服务专业、作用明显、公信力强的民办社工机构。《2014年度全国社会工作发展报告》中显示,截至2014年年底全国共扶持培育了3522家民办社工机构,比2013年增长43.6%,其中广东民办社工机构达770家,浙江、四川民办社工机构数量突破400家。另外,笔者从广西社会工作协会的得到的数据显示,截至2015年1月5日,广西全区各级民政部门依法登记成立的民办社工机构共43家,目前这些数据还在不断攀升。以上数据表明,政府的大力扶持极大地促进了社工行业的数量发展,但同时我们也发现,现行数据下的许多民办社工机构都是在2013年之后注册发展的,这些机构规模总体偏小,机构主要依靠政府购买社工服务来运营,除此之外它们几乎没有可维持机构运营的其他来源。

笔者在观察中发现,尽管南宁青少年健康服务学会在南宁公益领域是标杆,在实践中也完成了由民间公益机构向民办社工机构的职能转变。但现实是,尽管已经运营多年,南宁青少年健康服务学会与其他后起的民办社工机构相比,除了比一般的民办社工机构在公益领域拥有较多的媒体和公益资源外,同样存在机构规模小、运营过于依赖政府的问题。在笔者实习期间,南宁青少年健康服务学会有3名固定在职人员,其中1名秘书长、1名项目主管以及1名专业社工,另外,还有1名高校社工系学生兼职项目助理和5名实习生,除此之外还有一些高校志愿者,承担着3个大型项目。机构的所有运营费用主要来自政府项目经费,少量来自国内外基金会的捐助。单一依靠政府购买服务,使得南宁青少年健康服务学会的收入来源渠道过于狭窄,机构自身缺乏"造血"功能,在与政府交往的过程中,呈现出了强政府、弱机构的权力不对等状态。

（二）机构内部组织架构不健全，专业性参差不齐

机构自身造血功能不足，就决定了机构只能通过不断降低内部损耗来降低管理成本，因此在内部的组织架构上就难以健全，从而导致自身内部职能混乱。前面提及，南宁青少年健康服务学会目前固定的全职人员只有3名，其中1名秘书长、1名项目主管以及1名专业社工。专业社工不仅需要负责多个项目工作，也承担着机构的日常行政工作，过多的行政工作会占用社工的时间，从而影响社工在专业工作上的服务。这种机构内部职能混乱、社工负担过重的现象，并非南宁青少年健康服务学会一家独有。甚至在社工机构发展较前的深圳、广州等地区，机构社工工作压力过重与工资待遇低的不对等现象比比皆是。而造成这种现象的原因之一，在于近年来政策对社工行业的红利影响，民办社工机构的注册条件被不断放低门槛，一些地方市县为了完成民办社工机构的指标，甚至对注册社工机构的社工数量都不做规定。由此可见，社工行业的整体性发展并不如我们的行业数量增长那样乐观，社工机构的专业性参差不齐也就不难理解了。

（三）社会组织评估机制相对落后，社会公信力不足

近几年来，社会工作参与社会治理的作用逐渐凸显，社会工作服务的需求不断扩大，中央和各级地方政府相继出台了相关购买支持政策、规定及办法，以规范和健全政府购买社会工作服务机制。但在实际操作中，我们依然发现，政府购买社会工作服务的法律规制缺口十分巨大。在制度化层面，政府购买社会工作服务的对应立法仅有2003年开始实施的《中华人民共和国政府采购法》，而该法对政府购买社会工作服务管理仅表现为一般性规制，对于较为先进的社会工作服务，其适用性不足严重，政府购买社

会工作服务基本停留在无法可依的状态❶❷。此外,由于社会工作是直接面对"人",基于需求调研,为服务对象提供针对性服务的职业,当下通用的定量考核体系,并不能很好地评估社会工作服务,政府购买社会工作服务的评估体系相对落后。

作为一种被政策红利带动的职业,社会工作在民间的知名度并不高。在社会工作发展较好的广州、深圳等地,社会对社会工作的知晓度和认可度都较高;而在社会工作发展较后的西部地区,民众甚至都不知道社会工作是什么。笔者所在的南宁青少年健康服务学会在开展服务的时候,经常被问到的问题是:社会工作是什么?社工能做什么?即使是在党政机关,这一现象也屡见不鲜。

五、优化民办社工机构参与贫困治理机制的途径

(一)完善政府购买社会服务机制

政府购买的过度红利,在一定程度上阻碍了社工行业的发展,只有不断完善政府购买机制,建立健全政府购买的总体性规划,减弱政府购买的负效用,才能使政府购买成为民办社工机构参与农村社区贫困治理的强推动力。在政府购买机制运行过程中,一是完善政府治理需求的调研机制,通过不同层次的抽样调查的方法,向全社会征集社会工作服务购买的绩效评估结果,着眼于分析和评估不良服务。在此基础上,完善政府购买社会工作服务的目录。二是建立健全社会工作服务购买目录的定价标准和投标机制,避免民办社工机构间出现价格的恶性竞争,以保护社工行业参与社会治理的基本能力。

---

❶柳拯.政府购买社会工作服务的现状与对策(上)[J].中国社会工作,2012(30):10-12.
❷柳拯.政府购买社会工作服务的现状与对策(下)[J].中国社会工作,2012(31):10-12.

第八章　南宁青少年健康服务学会参与贫困治理的实践

(二)增强民办社工机构治理内生力

引进市场化竞争机制,鼓励其他各类社会组织介入政府购买服务项目竞争促(迫)使民办社工机构主动提升行业竞争力,以促进自身治理内生力发展。竞争是系统演化最活跃的动力,只要系统内部或系统之间存在差异,就会存在竞争。在有限资源的前提下,通过相互作用,获得某些优势的子系统,就可以获取生存和发展的优越机会,在时间和空间上实现选择、劣汰和发展的全过程。鼓励慈善组织、基金会等不同社会力量参与到社会治理领域,特别是农村社区治理领域,是在市场化机制下,实现民办社工机构与不同社会力量间服务质量的竞争,提升民办社工机构的运作能力的有力措施。

(三)提高民办社工机构的专业化程度

通过提高社工行业的专业门槛,加快社会工作队伍的人才建设等措施,提升民办社工机构参与农村社区贫困治理的效率。目前国内有很多高校开设了社会工作的本科和硕士研究生专业课程,开设本科专业的院校超过200所,每年培养社会人才近万人。按理来说,如此不小的教育规模对于民办社工机构的发展来讲土壤不错,但实际上民办社工机构的发展却被各种针对营利组织的行政管理制度阻碍。因此,推进社会工作服务机构发展必须扫清这种阻碍,措施包括:降低民办社工机构成立的资金门槛及相关行政管理束缚;提高民办社工机构成立的专业门槛,促进民办社工机构的活性发展[1]。

(四)依法对民办社工机构的项目执行进程进行动态追踪管理

完善立法和监管体制,建立政府监管民办社工机构的外部机制,提升

---

[1] 李一宁,金世斌,吴国玖.推进政府购买公共服务的路径选择[J].中国行政管理,2015(2)94-97.

民办社会工作的社会公信力。健全政府购买社会工作服务的法律法规,运用法治的视角和手段,使政府购买社会工作服务合理有序地开展。一是加快完善现行的《中华人民共和国政府采购法》步伐,使政府购买社会工作服务有法可依。二是抓紧出台统一的政府购买社会工作服务的监管办法,明确政府购买社会工作服务行为的参与者之间特殊法律关系和监管程序,加强社会公开力度,接受媒体和社会的监督,形成政府购买社会工作服务主体外的监督机制。三是对相关的"条例""规定""办法""通知""意见""制度""指引""方案""解释"等各类规范性文件和法规进行全面的清理和必要的废除与修改,尽快形成门类健全、覆盖面广、相互衔接的政府购买社会工作服务的法律法规体系,提高政府购买的管理和服务的法治化水平❶。

(五)扩大民办社会工作的知名度

民众对社会工作的认知度是基于其对社会工作的认识,只有引进了民众对社会工作的活力,提升其主动参与社会工作的积极性,才能够改善民办社工机构发展的系统环境。因此,在发展社会工作过程中,不应仅仅是通过政府购买形成民办社工机构的运营来源,还要充分调动媒体和民众的积极性,结合新形势下的网络传媒优势,加大对社会工作服务的正能量宣传力度,改变民众对社会工作的错误认知,提升社会工作在民众间的认知度和认可度。

总之,我国的贫困治理经历了多个阶段,现如今多元主体的格局正在形成,在多元主体中,社会组织是参与扶贫开发的一种重要力量,将专业社会工作作为一种新的扶贫方式注入贫困治理体系是很有必要的,发挥社工组织的专业优势,强化社工机构内部体制建设、提升其在贫困治理上的专业化水平是前提,加强与外部的交流沟通和吸引整合各方资源是关键,寻求与政府部门的合作,获得政府的支持与认可是保障。

---

❶马庆钰,廖鸿.中国社会组织发展战略[M].北京:社会科学文献出版社,2015.

六、南宁青少年健康服务学会参与公益扶贫的个案分析

(一)金秀"陪伴成长"公益夏令营项目信息

金秀"陪伴成长"公益夏令营项目信息详见表8-1所示。

表8-1　金秀"陪伴成长"公益夏令营项目信息

项目名称	成长的天空不孤单——留守儿童公益夏令营		
服务对象	广西壮族自治区来宾市金秀瑶族自治县六段村留守儿童		
项目发起人	南宁青少年健康服务学会	项目负责人	米彦桦
项目起止时间	2015年8月17日至2015年8月22日		

(二)金秀"陪伴成长"公益夏令营项目背景

1．成长的天空不孤单——留守儿童公益夏令营金秀镇六段村概况

金秀镇六段民俗旅游村位于来宾市金秀瑶族自治县,地处偏远高寒地区,是茶山瑶聚居的瑶族村寨,是金秀"陪伴成长"公益夏令营的主要活动点。受地域、经济发展等因素的影响,这里的居民的主要收入来源是种植茶叶,因此大部分的青壮年常年外出打工,村庄内剩余群体基本为妇女、小孩、老人。村内目前有儿童10余名,其中绝大部分为留守儿童。这10余名儿童平日里除了做家务干农活之外,娱乐生活极为匮乏。山区的落后和地域经济的不发达,对于他们的成长造成了一定的影响。

2．项目方法介绍

金秀"陪伴成长"公益夏令营采用的是社会工作三大方法之一——小组社会工作。这种工作方法是通过一系列的小组活动和组员间的互动帮助

小组成员共同参与集体活动,从中获得小组经验,处理个人、人与人之间、人与环境之间的问题,促使其转变和成长,从而协助个人增进社会功能,达到预防和解决有关社会问题的目标。

3．项目理论应用

金秀"陪伴成长"公益夏令营从优势视角出发,认为在社会工作助人实践过程中关注的焦点应该是服务对象个人及其所在的环境中的优势和资源,而非问题和症状,改变的重要资源来自服务对象自身的优势。因此,活动试图通过小组工作的专业方法加强服务对象的抗逆力,希望服务对象在小组活动的过程中实现个人的成长和能力的提高以及强化对同伴间对话与合作意识,并在此基础上学习到相应的社会规范和人际关系技巧,即实现社会化。

(三)金秀"陪伴成长"公益夏令营实施情况

1．项目实施内容

金秀"陪伴成长"公益夏令营从2015年8月17日开始,围绕"陪伴成长"的主线开展,历时4天,共计8场小组活动。表8-2是小组活动安排详情。

表8-2　小组活动安排

时间	主题	目标
第一天 (2015年8月18日)	团队能力建设 (含有开营仪式)	①加深营员之间的交流 ②提升营员团队合作意识
第二天 (2015年8月19日)	沟通能力建设	①提升营员人际沟通能力 ②改进营员人际沟通技巧
第三天 (2015年8月20日)	兴趣培养体验	①营员了解各种兴趣 ②引导营员发掘和培养自身兴趣

第八章　南宁青少年健康服务学会参与贫困治理的实践

续表

时间	主题	目标
第四天 （2015年8月21日）	安全教育 （含有结营仪式）	①对营员进行青春期性知识教育 ②加强营员的安全意识

2．项目实施效果

通过以上历时4天、共计8场小组活动，工作人员与当地留守儿童建立了良好的信任关系，寓教于学、寓教于乐，让孩子们在游戏过程中学到一定的沟通、安全、生理知识。

（1）留守儿童参与夏令营的积极性有所提升。

表8-3是对金秀"陪伴成长"公益夏令营参与人数的简单统计与分析。

表8-3　金秀"陪伴成长"公益夏令营参与人数汇总

日期	场次	六段村	杨柳村	三片村	长二村	将军村	总人数	外村人数比例（%）	备注
2015年8月18日	1	9	1	4	1	1	16	43.75	开营
	2	10	1	4	1	1	17	41.18	素质拓展
2015年8月19日	3	9	1	7	1	1	19	52.63	沟通能力
	4	8	1	2	1	0	12	33.30	沟通能力
2015年8月20日	5	8	1	2	1	0	12	33.30	兴趣体验
	6	9	1	3	1	0	14	35.70	兴趣体验
2015年8月21日	7	9	1	7	1	0	18	50.00	安全教育

续表

日期	场次	六段村	杨柳村	三片村	长二村	将军村	总人数	外村人数比例（%）	备注
2015年8月21日	8	11	1	4	1	0	17	35.30	生理知识启蒙、结营
平均值		9.125	1	4.125	1	0.375	15.625	40.65	

根据表8-3及图8-1可以看出夏令营参与人数虽然起伏较大，但总体是呈现出上升趋势。图8-1中有2个明显的最低点，分别是第4场和第5场。第4场与第5场小组活动出现小组人数下滑的原因是，第4场当日下午夏令营的营员之中有个别回到村里与小伙伴出现了矛盾，而夏令营的工作人员未能知晓并调节，导致营员未能到达活动地点。第5场是受到当日暴雨天气的影响，人数略有减少。

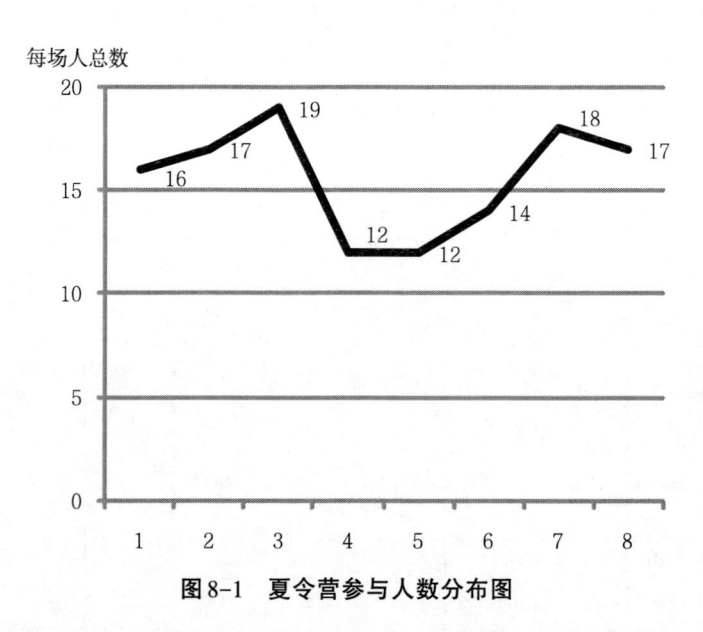

图8-1 夏令营参与人数分布图

第八章　南宁青少年健康服务学会参与贫困治理的实践

通过图 8-2 可以看出本次夏令营的营员由 5 个村的留守儿童组成,由于我们的夏令营主要活动地点在六段村,因此六段村所占比例最大,接近 60%。其次,是三片村,所占比例达到 1/4。由于当地村落之间相隔较远,所以离得比较远的杨柳村、长二村、将军村所占比例就较小。

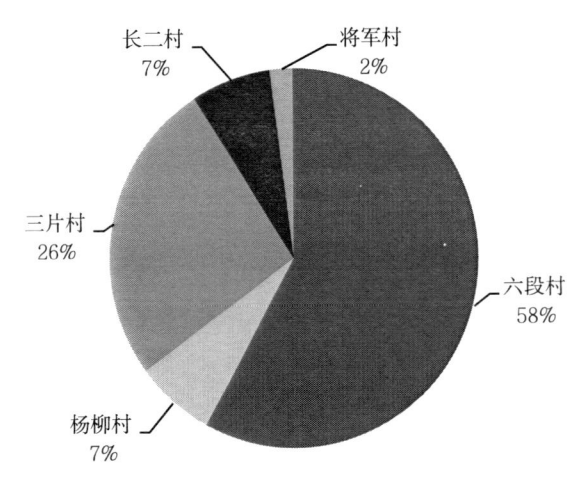

图 8-2　各村参与夏令营人数比重分布图

尽管本次夏令营每次小组活动人数均有变化,通过签到的方法发现其中有 9 名营员每场活动均有参与,全程参与了本期夏令营。其中六段村 6 名,长二村与杨柳村各 1 名。就营员的组成状况和全程参与情况,也从某种程度上说明了夏令营的宣传效果以及孩子们参与夏令营的积极性。

(2)留守儿童的安全意识有所提升。

工作人员以提问的方式了解营员的学习情况,营员充分掌握了在安全知识小问答环节中提到的一些安全小知识,并在订立的承诺书中写到讲卫生和保护自己等安全自护内容。

(3)留守儿童的沟通理解能力提升,在体验游戏的过程中让留守儿童学到了一些关于沟通的小技巧(见图 8-3)。

图8-3　留守儿童在日记中提到了沟通五要素

(4)留守儿童对兴趣有一定的体验经历。

引导营员通过体验尝试的方法发现自己的兴趣所在,从而发展并坚持下去。图8-4至图8-7是营员在夏令营中的一些绘画作品。

图8-4　乌鸦喝水

图 8-5　小红帽与大灰狼

图 8-6　欢乐的小兔子

图 8-7　小红帽在路上

（四）金秀"陪伴成长"公益夏令营资金筹措及使用情况

1. 资金筹措

2015年8月4日，金秀"陪伴成长"公益夏令营在众筹网平台上发布了"成长的天空不孤单——留守儿童公益夏令营"项目，预计筹资目标为3000元人民币。在历时9天的筹款期间，金秀"陪伴成长"公益夏令营得到了全国117位公益人士的热心支持，累计募集的资金达4690元人民币，完成目标筹资的156%（见图8-8）。

图8-8　众筹网："成长的天空不孤单——留守儿童公益夏令营"项目

项目众筹成功后，按规定需支付1.5%的手续费（计70.47元人民币），因此项目的实际到账资金为4619.53元人民币（见图8-9）。

图 8-9　众筹资金

原计划采用线上和线下相结合的方式筹资,共计6000元人民币。但由于执行团队线下筹款经验不足,导致线下筹款3000元人民币的目标失败。因此,项目实际筹集资金为线上筹资,共4619.53元人民币。

2. 资金使用情况

夏令营项目实施共计6天5夜,服务预算为6000元人民币,实际筹集为4619.53元人民币,服务实际支出为4634.50元人民币,剩余资金为-14.97元人民币(见图8-10)。

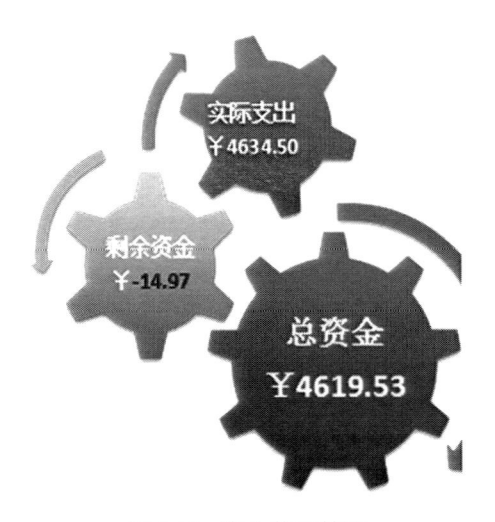

图 8-10　资金使用情况

(五)金秀"陪伴成长"公益夏令营的社会影响

南宁青少年健康服务学会开展的金秀"陪伴成长"公益夏令营活动,得到了《南国早报》《来宾晚刊》、来宾金秀电视台等多家媒体的直接报道,并被金秀瑶族自治县政府门户网站、来宾网、广西文明网、广西青少年网等多家网站转载。此外,南宁青少年健康服务学会通过微信等自媒体发表相关活动报道,网上点击阅读量过千,产生了较大的社会影响。

图8-11为来宾市电视台的新闻报道。

图8-11 来宾市电视台对金秀"陪伴成长"公益夏令营的报道

七、南宁青少年健康服务学会"三区计划"项目的个案分析

(一)南宁青少年健康服务学会"三区计划"项目概述

来宾金秀县属于国家贫困县,地处广西偏远海拔地区,拥有"世界瑶

第八章　南宁青少年健康服务学会参与贫困治理的实践

都"的5个少数民族瑶族支系。其中项目直接对接的长二村属于瑶族茶山瑶,包括长二村、长滩屯、寨保屯3个自然屯,共有880多人,2013年统计16~60岁的村民有614人,60岁以上的有109人。全村大多数人外出打工,留在家中的主要以老人、小孩以及带小孩的妇女为主。长二村主要以茶叶种植为经济收入,拥有广阔的茶山资源。2014年5月至2015年4月,南宁青少年健康服务学会服务于长二村一年之久,以"助人自助"为工作理念,为金秀县长二村带来专业的社工服务。通过开展村民大会、阳光路上栏目拍摄、低碳环保活动、金秀县农村社会工作培训班等系列活动,取得预期成效。南宁青少年健康服务学会"三区计划"项目在长二村社工服务采用地区发展模式,关注社区共同性问题、注意通过培养社区自主能力来实现社区的重新整合、注重发展过程目标、强调社区成员的参与。项目主要集中推动社区成员的参与和互助合作,改善沟通和合作的渠道,更好运用地区资源,解决现存共同问题。发挥社工使能者、教育者和中介者的角色,开展促进村民个人的发展、团结邻里、社区教育、提供服务和发展资源、社区参与等服务内容。

项目主题:社工助力少数民族农村发展项目——"我的长二我作主"。

实施对象(目标人群):长二村村民及家庭,并辐射整个金秀县居民。

项目期限:2014年5月初至2015年4月底。

预期目标:以"助人自助"的理念为金秀县长二村提供服务,培养当地人才,使当地有能力自我发展;同时采用参与式的方法引导村民的主动参与,解决当地茶种植、幼儿园教育、社区发展系列问题。预期达成目标包括:培养至少3名以上社区领袖(含培养对象);协助成立一家当地组织,支持当地自我发展;成立幼儿园教育援建队伍,持续服务不少于半年;当地媒体报道不少于5次。

(二)南宁青少年健康服务学会"三区计划"项目的创新性

(1)采用参与式村民自治方式开展服务,强调服务对象的主动性。在上一期项目中,社工采用村民大会的方式开展服务,既获得村发展遇到的共性问题,又调动了村民的积极性,选出负责人并落实行动方案,最终使得问题得以解决。

(2)建立当地组织——农村发展中心,助人自助。项目主要以培养社区领袖能力为主,支持社区领袖引导村民的主动参与,建立自我发展的组织,从而达到助人自助的目标。

(3)探索多种元素结合的社工服务模式。探索地区发展模式视角下的农村社会工作服务;探索参与式村民自治服务方式;探索"社工+义工"服务模式;探索社工机构与广泛社会资源结合的服务方式。

(三)南宁青少年健康服务学会"三区计划"项目的服务内容

1. 农村社区发展服务中心建设计划

(1)需求分析:长二村分为3个自然屯,以茶叶种植为主要收入。但在茶叶种植过程中出现茶种植经验不足、人手缺乏、交通不便、管理不一致系列问题,这些问题既是村的问题亦是家庭问题,缺乏统一服务的平台,其他的发展也是如此,如活动中心建设问题、幼儿园建设问题,需要一个组织带头实现自我管理、自我服务。

(2)项目目的:建立一家当地的组织,实现自我规划、自我管理、自我服务,减少服务成本,提高服务质量。

(3)主要做法:注册农村发展中心,并开展村民大会,讨论农村的一年服务计划,制定组织制度。社工以顾问的角色加入,提供技术支持,开展茶叶种植讲座,监督当地是否按计划开展服务。

第八章　南宁青少年健康服务学会参与贫困治理的实践

2．培养对象及社区领袖能力提升计划

（1）需求分析：3名培养对象以及6位社区领袖学历偏低，对社区动员、社区规划、社区发展都有较大的提升空间，需要学习一定的知识及掌握参与式工具的运用。

（2）项目目的：提升领袖的参与能力，提高他们对社区动员、社区参与的了解，为他们在解决突出的农村发展问题上提供专业支持。

（3）主要做法：根据需要组织专题培训班，开展参与方法的运用、参与工具的运用专题培训。

3．"公益-教育-旅游"城乡互动计划

（1）需求分析：金秀县既是一个百穷县，也是一个旅游强县，而山区的村民（包括村民和学生）却因为交通问题缺乏与外界交流的机会，这使得城乡的资源不能互补及共享。山区对外缺乏沟通交流，而城市却缺乏用眼睛发现乡村的美。

（2）项目目的：搭建城乡互动平台，让乡里的孩子开阔视野，而城市人民能体验乡村生活，感受大自然的美好风景。

（3）主要做法：开展2~3期的城乡互动活动，以亲子游为主要服务活动，设立以下服务内容。一是公益类活动，包括对学校、学生开展爱心物品捐赠、采茶、孩子物品互换、"一对一"帮扶等内容；二是教育公益活动，包括设立亲子的沟通、素质拓展、能力建设等主题内容，促进亲子互动；三是素质拓展活动，通过欣赏、享受大自然的美好，茶山寄语（采茶）、民族特色风景欣赏、自然风光欣赏等内容拓展留守儿童视野。

4．"成长的天空"幼儿园援建计划

（1）需求分析：通过村民大会的开展，幼儿园建设开展动工。但农村缺乏有知识的幼儿园老师提供支持，需要社工整合资源，为寨堡屯的幼儿园教育整合资源，规划发展之路。

（2）项目目的：建立一支优质的幼儿园教育队伍，援建幼儿园，支持幼儿教育服务。

(3)主要做法：联合培训机构为寨堡屯提供幼儿老师，联合企业提供资金支持，社区定期开展小剧场活动。

5."一千零一夜"计划

(1)需求分析：金秀县农村的留守儿童大部分需要在学校寄宿，容易出现"无聊、无助、无望"的现象，孩子的生活、学习无以适从。六段小学就是这样的一个典型的代表，小学一年级开始寄宿，留守儿童生活、教育问题亟待解决。

(2)项目目的：睡前干预，用故事的方式给孩子树立榜样。

(3)主要做法：研发睡前故事；安装讲故事设备；对师资进行培训，每晚故事的播放。

6. 参与式社区影像计划

(1)需求分析：长二村是一个茶叶种植的自然村，也是瑶族的茶山瑶村落，不少村民对村民发展的问题不了解，而外面对长二村也不了解。对内需要提高归属感，调动积极性；对外需要提高知晓度，获得更多支持。

(2)项目目的：采用参与式方式进行，村民掌握自我拍摄能力制造影像，提高长二村知晓度。

(3)主要做法：对社区领袖进行拍摄培训，由村民自我拍摄，社工负责技术指导和宣传。

7. 当地大学生爱家乡计划

(1)需求分析：留守儿童在周末或假日期间缺乏学习平台，而父母不在身边缺乏监督，从而以玩乐为主。而当地的大学生暑期时间比较自由，在接受采访中，大学生们都乐意为家乡做一些公益事情。

(2)项目目的：为儿童提供学习、娱乐的平台，同时提高大学生实践能力，回报家乡。

(3)主要做法：一方面可以邀请本村大学生为村儿童提供3点半学堂及

周末学堂,为儿童学习充电。另一方面可以邀请城市有特长的志愿者开展艺术支教、运动支教、学习支教等服务。

8．困难群体帮扶计划

(1)需求分析:金秀县为国家百穷县,而长二村亦地处偏远地区,部分人员家庭是低保对象、五保对象、单亲家庭,由于各种原因存在生活困境,并因缺少相应的社会资源支持而无法顺利摆脱困境。

(2)项目目的:为特别困难家庭提供必要帮助,改善困难的家庭环境,缓解家庭压力。

(3)主要做法:社工通过个案跟进的方式为特别困难家庭提供帮助,注重增能手法的运用,引导帮助困难家庭通过自我成长逐步实现真正摆脱困境,在个案跟进过程中,注重社会资源整合,尽可能通过社会关注提供帮助。

(四)南宁青少年健康服务学会"三区计划"项目的执行过程

南宁青少年健康服务学会在2013年"三区计划"服务项目后,以专业的社工理念为指导,派驻专业社工开展专业服务,同时不断发挥原有的优势,链接北京社区参与行动服务中心、广西公共频道《阳光路上》栏目组等各地的资源共同进入来宾市金秀瑶族自治县长二村开展社工服务。由此,长二村村民热切关注的问题,经过长二村村民、长二村村委、金秀县政府以及南宁青少年建设服务学会社工的共同努力基本得到解决。除此之外,还孵化出金秀县第一个非政府组织——金秀县农为本农村社区发展中心,致力于金秀县农村地区的发展。

1．"三区计划"增值项目调研活动

2014年7月30日至8月2日,南宁青少年建设服务学会主要是在金秀县开展调研活动。4名社工在金秀县长垌村、六段村进行"一村一品"的走访调研,挖掘各村寨的特色农产品;另外的社工走访了金秀县的共和小学、长垌乡小学,了解两所小学的学生信息及住宿情况,为新"一千零一夜"农村住校生睡前故事收集信息。

2．成功举办金秀青年培训夏令营

2014年7月的项目调研活动同时包括了此次夏令营的前期沟通和考察,8月在金秀县成功开展青年培训夏令营,共30人参加。课程内容包括金秀项目考察、项目管理、辩论赛、访谈、拓展等。青年不仅对金秀有了更多的了解,并对金秀问题开始反思,形成项目及行动。

3．开展参与式村民大会

南宁青少年健康服务学会开展了两场参与式村民大会,分别是长二村村民大会、寨堡屯村民大会,每场村民大会不少于37人参与。会上村民表示茶叶种植及幼儿园建设是最重要的事情。

4．开展金秀县幼儿教育情况调查

南宁青少年健康服务学会联合广西师范大学社工系老师对金秀县山村幼儿园情况展开调查,成文《社会工作多重视角下的少数民族地区山区幼儿园——以金秀县L村幼儿园为例》。同时,广西师范大学调研团队提供反馈意见,并分别对金秀教育主管、金秀老师、留守儿童家长、留守儿童开展访谈。

5．开展扶贫日活动

根据广西壮族自治区民政厅孟光明书记的号召,开展扶贫日活动——消除贫困村民大会。两场参与式会议不少于85人参与,会议上选出行动负责人,并制定行动方案。长二村在茶叶种植问题、活动中心建设方面更为关注,寨堡屯在幼儿园建设及茶园种植方面更为关注。

6．培养社区领袖

(1)2014年7月,南宁青少年健康服务学会成功推荐金秀县金秀镇六段村幼儿园苏云青老师前往北京参加乡村幼儿教师培养计划,苏云青老师不仅学习了幼儿教育、幼儿园管理能力,也表示将关注领域扩大到村里的留守儿童。

(2)2014年10月,南宁青少年健康服务学会再次成功推荐苏云青老师前往安徽、贵州参加返乡青年培训,持续时间长达半年,培训时间总共为15天,实习时间3个月。

7. 重视个案学术研究

以南宁青少年健康服务学会"三区计划"服务经验撰写成的《国家级贫困县的参与式村民自治探索——以广西来宾市金秀瑶族自治县"三区计划"服务为例》刊登在《中国社会工作》2014年第10期。由广西政法管理干部学院刘伟老师撰写的《专业社工参与农村基层治理研究——基于广西实施"三区计划"的思考》获得民政部2014年民政政策理论研究优秀成果奖。

第九章 广西八桂义工协会参与贫困治理的实践

一、广西八桂义工协会简介

广西八桂义工协会(简称"八桂义工")原是由共青团广西壮族自治区委员会、广西青年志愿者协会、《南国早报》在2008年3月共同倡导发起的一个公益活动,逐渐演变成一个志愿服务组织。从2011年开始,八桂义工着手进行了一系列专业项目,以专业的志愿服务活动奉献社会。

2012年7月,广西八桂义工协会在自治区民政厅登记成立。业务范围包括助学、助残、助孤、敬老、社区服务、法律服务、灾区救援、公益交流等。八桂义工的使命是凝聚八桂爱心、弘扬公益精神、共建和美社会。愿景是人人参与、快乐公益。

截至2016年4月底,八桂义工注册义工有2700余名,共举办了不同规模的义工活动800余期,社会服务时间超过24万小时,募集善款、爱心物资累计价值超过1300万元人民币。八桂义工的身影出现在南宁市街头社区以及广西的边远山区,数万弱势群体接受八桂义工的帮助。

进社区服务、环保、助学等活动,已成为八桂义工的品牌常规活动。8年来,八桂义工进社区服务300余次;深入敬老院、福利院等开展扶助活动100多次;进学校、下乡助困助学200余次;环保活动30多次;维持交通秩序服务50余次;大型义卖捐资助学活动11次。

至今,八桂义工与壹基金、腾讯公益慈善基金会、阿里公益天天正能

第九章　广西八桂义工协会参与贫困治理的实践

量、广东千禾社区公益基金会、广西壹方慈善基金会、广西青少年发展基金会、广西老年基金会以及各爱心企业等合作，实施了梦想书屋、八桂心泉、梦想小屋、新年新衣、关爱社区独居老人、应急课堂、梦想课堂、礼让斑马线、鹰计划——公益讲师培训项目等30多个公益项目。其中2013-2014年，协会八桂心泉、关爱独居老人项目，先后获中央财政支持社会组织参与社会服务示范项目资金支持。

除此之外，八桂义工还积极推动广西民间公益进步。2012年7月，参与发起首届广西公益论坛，并倡导成立广西公益联盟；被推选成为广西公益联盟主席团成员、广西公益联盟秘书长机构；2013年8月，成功承办2013广西公益发展高峰论坛，被推荐成为广西公益联盟主席团成员、广西公益联盟副秘书长机构。

2013年11月，参与广西民间联合救灾小组，成为壹基金支持的广西联合救灾能力建设项目决策机构；2014年5月，成为壹基金支持的广西联合救灾能力建设项目协调机构；2014年10月，被推荐为广西民间联合救灾小组理事机构。

2014年、2015年，八桂义工连续发动组织广西公益联盟20个市60多个公益团队，对西江流域沿岸进行户外清洁。

2015年8月，八桂义工组织广西公益组织自律研讨会，并形成《广西公益组织自律准则》。

2015年，八桂义工制定了平台发展战略，计划3~5年内，通过培育城区义工站、项目团队、对"草根"NGO的支持等，提升广西"草根"公益机构的能力，促进广西公益发展。

八桂义工多年的付出也得到了社会的认可：八桂义工的名字在南宁市民中家喻户晓，吸引了数十万次的爱心人士参与，为创新社会工作管理、构建和谐广西做出了独特的贡献，获得了广西壮族自治区文明办、广西壮族自治区民政厅、广西民间组织管理局、南宁市政府等各级部门的肯定，社会效益显著。

2014年7月,广西壮族自治区精神文明建设委员会印发《关于推进广西志愿服务制度化的实施意见》,强调大力发展具有广西特色的各类志愿服务组织。壮大广西"八桂义工"等各具特色的志愿服务品牌,鼓励和引导公益慈善类、城乡社区服务类社会组织到社区开展志愿服务活动。

2015年底,在由中共中央宣传部、中共中央组织部、中央文明办、民政部等单位联合开展的志愿服务四个100典型宣传推选活动,广西八桂义工协会被评为"最佳志愿服务组织"。

二、广西八桂义工协会参与贫困治理的项目实践

2015年,广西八桂义工协会理事会审议通过协会平台发展战略规划,意味着协会发展进入新的阶段。广西八桂义工协会通过鹰计划培训项目、推动城区义工站的成长,益人计划——广西青年公益成长项目,以及资源枢纽型的跨界合作等,逐步推动协会转型,取得了阶段性成绩。广西八桂义工协会对年度项目的总体要求是精细化、专业化管理。各个项目按时提交项目的月度总结及计划、年度总结、月度会议、季度会议等,并结合项目本身特点,配备相对应专业的项目执行的管理人员及团队。2015年下半年,实施了鹰计划培训项目、益人计划——广西青年公益成长项目,配合协会往平台转型。

(一)八桂心泉——山区孩子饮水安全项目

该项目是从2011年开始执行,一直是中心示范类项目,通过在贫困山区学校安装净水直饮系统,改善解决乡村一级学校的饮用水问题,让山里的学生也能像城里的学生一样喝上干净、卫生的水,达到身心健康的目的。2015年1至11月,完成了河池、柳州、百色、玉林等地区多个学校的项目实施工作,截至2015年11月,项目组共安装200多台净水设备,解决了近

百所乡下学校师生的饮水问题,项目预计将按计划顺利完成。为了加大项目实施力度,解决项目资金不足的难题,力争在2015年完成100所学校的任务,项目在中西方情人节当日组织了2月14日南宁市悦荟广场大型玫瑰义卖和七夕专项义卖活动。

(二)梦想书屋——乡村学校图书建设及阅读项目

梦想书屋项目是为了满足更多贫困地区中小学生对课外图书的需求,给孩子们形成一种课外读书氛围,养成长期读书的习惯。项目于2013年10月启动,拟于3年内为广西100所贫困学校建立梦想书屋,为孩子们提供一个阅读课外书,打开视野的场所。2015年完成了9所学校的项目实施,目前项目已完成40所书屋的建立。截至2015年10月31日,项目经费收入合计65506.5元人民币,获得了宁波方太厨具有限公司、玫琳凯(中国)化妆品有限公司、博兰妃生物科技有限公司、南宁市三美中学、南宁市悦荟广场等爱心企业、人士的专项支持,开支为36676.83元人民币,其中图书款为14126.07元人民币,其他费用为22550.76元人民币,余额为28829.67元人民币。

(三)爱不独居——关爱社区独居老人项目

2015年的项目服务重心由原来单纯的亲情服务,逐步上升到社区融合方面上来,带领老人更好地融入社区生活,引导社区对独居老人的关注,让社区更加关爱这一特殊的群体,同时发展社区志愿者,达到邻里帮扶、就近救助的目的。最终创造出相互关照、相互帮助、消除孤独、快乐生活的社区环境,达到子女安心、政府放心、老人开心的效果。2015年1至11月均按照计划对每户老人进行两次以上的常规走访,累计达到2000余次;个人专题生日庆祝达到70余人次,春节及中秋特殊节日慰问2次;按照项目计划,完成了8次五里亭社区、梧桐苑社区、淡村路东社区的社区志愿者招募暨游园活动。项目组开拓社区达到31个,受益的老人达到100人以上,项目核心组员200人,参与活动人数达到2000人次。截至2015年10月31日,项目经费预算筹资11万元,实际收入8.76万元人民币,其中资金6.06万元人民币(好东西联盟义卖快餐款2万元),物资2.7万元人民币(其中:南国早报捐赠春节物资一批、黄记公馆捐赠中秋月饼120盒、桂林银行捐赠游园物资一批),开支为8.5万元人民币,余额为2600元人民币,使用率97.03%。

(四)梦想课堂——关爱留守儿童学校第二课堂项目

这是由原来的梦想课堂项目结合留守儿童心理健康筹备组而开设的一个项目。注重培养留守儿童手工、绘画、音乐舞蹈、心理、安全教育及法制教育等与留守儿童息息相关的内容,提高孩子兴趣爱好的同时,也增强自我防范意识,对他们心理上的辅导,使他们能正确地认知自己、认知社会,从而达到健康成长的目的。2015年决定选择南宁市锦绣学校作为实施地点,在一定程度上减少执行项目过程中产生的交通费等问题,把更多的资金投入到学生身上。上半年完成项目的对接工作、项目组织架构设立以及人员招募的工作,下半年完成与爱心企业中国移动客户服务运营中心的对接,组织项目组员开发课件、试讲课堂、江南锦绣学校开展圣诞游园活动等工作。截至2015年11月31日,项目经费余额26864.43元人民币。

(五)应急课堂——农民工子弟学校防灾避险培训项目

这是2015年项目运营中心打造的新项目,项目成员将自身的安全知识和防范技巧传授给学生,减少他们受伤害概率,主要服务对象集中为四至六年级的农民工子弟学校学生。2015年完成"防火防电""防溺水""意外事故现场处理"课题的教学工作,开展了疏散演练和灭火器实操的户外教学,完成了"校园天使"的专业急救培训工作,深化进行了项目讲师的培养与考核,对项目成员进行了相关技能培训。截至2015年11月30日,该项目已获广西青少年基金会支持2万元人民币,目前项目经费已支出4920元人民币。由于赞助方资金到位比较迟,致使项目执行受到部分影响。

(六)多彩假期——社区儿童成长陪伴项目

由于各自家庭的特殊性,不少未成年人在假期无法得到合理的照顾,特别是没有父母陪伴的,容易产生很多青少年问题,甚至青少年犯罪。基于这样的一个原因,项目组制订了成长陪伴计划,在假期期间为社区儿童起到一个陪伴的作用,在陪伴过程中,让孩子的身心得到健康发展。本项目原计划针对进城从事建筑工作子女进行,前期与建筑公司进行了长时间的沟通与对接,但由于建筑工地的特殊性,无法落实项目实施地点。经大量的前期准备与工作后,在加多宝集团公司的支持下,项目实施地点定在南宁市五一中路社区,截至2015年6月30日,服务社区已接到近30位社区居民的报名申请。在经过项目组的走访确定后,直接服务对象为6名农民工子女以及14名社区儿童。6月下旬通过协会理事会审核批准正式进行,主要的项目服务工作于7至8月集中开展,项目经费预算为7600元人民币,由加多宝集团提供赞助。项目启动资金210元人民币,采购物资费用1757.2元人民币,总开支1967.2元人民币。

(七)筑梦起航——加多宝／富安居助学项目

本项目在加多宝集团和中国青少年发展基金会共同举办的"2015年'加多宝·学子情'爱心助学行动"的支持下,另外在富安居的支持下,在全区范围内寻找50位寒门学子,让他们以参加公益活动的形式,每人获取入学资助金额5000元人民币,减轻家庭经济负担。在感受社会大温情的同时,公益意识也得到培养,学会感恩,并在社会中把公益力量继续传递。2015年项目,通过跨界合作的形式,在广西14个地市,寻找公益合作机构参与,寒门学子50人受益。项目经费预算为3万元人民币,100%达成。

(八)鹰计划——NGO公益讲师培训项目

根据协会的发展规划,夯实协会内部管理,建立起协会的培训体系,进而促进鹰计划公益讲师培训项目的产生。项目目标是要培养八桂义工协会内部的培训讲师,建立、健全、完善八桂义工协会的培训体系,形成一套较为系统的适合本土NGO组织的培训课程体系,从而以点带面,促进广西NGO组织培训工作的发展。项目组于2015年6月开始组建,项目组员10名,另将各中心管理骨干纳入后备组员。根据项目计划,项目组员参加了上海映绿公益事业发展中心的专题以及第四届慈展会,大开眼界的同时也学习到了先进的公益理念与管理经验。2015年11月项目组对武鸣义工站进行针对性的培训需求调查,开发了一套适合中层骨干培训的课程,并对武鸣义工站骨干义工进行了系列培训。

(九)益人计划——壹方青年公益成长资助项目

2015年11月启动,2016年5月结束。广西八桂义工协会结合自身项目管理经验,协助壹方慈善基金会,对计划招募的约10个青年公益资助项目进行管理,规范这些项目的运作流程,并负责对项目进行督导评估等工作。通过该项目的执行,以期达到以公益活动为载体,培养新一代公益青年的社会责任感,提高其项目执行能力的目标。

三、广西八桂义工协会参与贫困治理的项目个案分析

(一)广西八桂义工协会关爱独居老人项目概述

根据相关统计数据,南宁市现有60岁以上老年人达91.62万,占总人口的13.25%。南宁市独居老人已达8000多人,其中困难独居老人有近2000人。而今,独居老人呈现逐年增加的趋势。这些老人居住在南宁市各个社

第九章　广西八桂义工协会参与贫困治理的实践

区,他们大多体弱多病,却因没有子女或者子女外出工作等原因,常年无人关心护理。日常生活自理已经成为一大难题。年老体弱的他们逐渐不愿意出门、不愿意与人沟通,有着极强的防范心理等。无子女的独居老人或许就这样孤独度过晚年,有子女的日夜守着电话等着儿女的问候,期盼儿女回家。这些老人因为独居,生活无人照料、病痛不能及时妥善治疗、抑郁烦闷的情绪无法排遣,身体的疾病和心理的郁闷等情绪充斥着他们的晚年生活,完全没有老有所依的安乐。独居老人生存现状已成为我们无法避开的社会问题,社会各界已经开始关注并对此付诸了许多行动。广西八桂义工协会关爱独居老人项目在南宁市区90户独居老人中展开,为老人提供包户、定期、接力式亲情服务,为独居老人安享晚年提供力所能及的帮助。通过对南宁市社区独居老人的服务,扩大项目在社区的影响,提升社区志愿者的服务能力,使社区内居民关系更加融合。

2014年,项目得到了中央财政资金25万元人民币、广西壮族自治区配套资金5万元人民币,广西老年基金会支持3万元人民币,总共33万元经费支持。经过广西八桂义工协会关爱独居老人项目组实地走访和当地公益组织协同配合等多方帮助,各项帮扶活动已经完成了南宁市40多个社区的走访等工作,走访老人200多人,确定的合作社区有33个,受益对象达到128人,项目工作人员有200多人,确定的受益人数达到128人,完成率达到128%,超额完成年度执行计划。

项目名称:爱不独居——关爱独居老人项目。

项目实施时间:2014年1至12月。

项目团队:广西八桂义工协会关爱独居老人项目组。

(二)广西八桂义工协会关爱独居老人项目需求

1. 独居老人精神需求

很多独居老人会感到孤独,晚上回到家只有一个人,面对四堵墙,连个说话的人都没有。特别是在过年过节别人一家团聚的时候，自己只有一个人，那种对比更加失落。

2．独居老人生活照料需求

大多独居老人因为年龄比较高，年老体弱，在生活上会需要一些特殊的照料，如购买一些比较重的生活用品时无法提上楼，外出就医时需要有人陪伴，电灯坏了需要更换时，因位置较高无法完成，清理房间时窗帘无法拆卸下来等。

3．独居老人经济需求

有部分独居老人经济困难，无固定收入，只靠低保维持生计；有些老人虽然有退休金，但因为患病需长期服药，经济压力也很大。

（三）广西八桂义工协会关爱独居老人项目执行过程

1．独居老人住有所居公益活动

截至2014年12月10日，广西八桂义工协会关爱独居老人项目组共提供独居老人房屋维修22次、电路检查8次、电路维修54次、电器安装2次、家电维修1次、水电维修1次，共88次独居老人居住环境改善类的技术服务。

2．独居老人老有所养公益活动

为给老人生活上的照料，提供更全方位的服务，丰富老人的物质文化和精神文化生活，达到老有所养的基本目标，广西八桂义工协会关爱独居老人项目组设计多种形式的生活照料补贴、精神慰问和心理抚慰服务慰问活动。

截至2014年12月10日，广西八桂义工协会关爱独居老人项目组对服务老人进行常规走访慰问活动，坚持春节、端午、中秋、重阳特殊节日常规慰问,每个月还坚持2次以上独居老人走访,了解独居老人的生活需要。广西八桂义工协会关爱独居老人项目组还对老人提供生日慰问的服务,总共进行了63位独居老人的生日慰问。

3. 独居老人病有所医公益活动

广西八桂义工协会关爱独居老人项目组购买了3个救急药箱,专门用于服务独居老人,不定期给独居老人进行量血压等简单的身体检查,及时发现病情。对于需要住院的独居老人,项目组每个月给予已经住院的独居老人100元人民币的医疗补贴,一定程度上减轻独居老人经济负担。截至2014年12月10日,广西八桂义工协会关爱独居老人项目组为独居老人进行了医疗保障、陪同就医、心理咨询、医疗服务、医疗咨询等共36次医疗服务类的技术服务。

(四)广西八桂义工协会关爱独居老人项目成效

1. 独居老人免费体检,健康保健早知道

广西八桂义工协会关爱独居老人项目组协调社区一起参与,主要任务是定期开展老年健康保健知识讲座,为独居老人们提供义诊、保健咨询等义务服务。

2. 独居老人心理辅导,解开心结身心悦

广西八桂义工协会关爱独居老人项目组邀请心理咨询机构作为合作机构,定期为独居老人提供心理关怀义务服务,随时了解他们的精神状态,有针对性地进行心理咨询和心理疏导,使他们摆脱孤独寂寞,保持健康的精神状态。

3. 独居老人生活关怀,八桂义工显真情

广西八桂义工协会关爱独居老人项目组通过定期探访和多对一的服

务,让独居老人们多一些陪伴的对象,多一些谈心的对象,多一些倾诉的对象。采取八桂义工与老人一对一的形式,陪老人聊天、剪指甲、下棋、读报、为老人打饭、陪老人散步、打扫房间、清洗衣物、理发、体检、文艺演出,节日、生日为老人送礼物,与社区共同举办游园活动。八桂义工可以通过义工服务活动,带给独居老人乐观积极的生活态度,让他们感受老有所养、老有所乐、老有所为的生活乐趣,让他们感受到国家与社会对他们的重视与温暖。

(五)广西八桂义工协会关爱独居老人项目实践经验

1. 整合资源,多方合作

广西八桂义工协会关爱独居老人项目组通过多个社区建立友好合作关系并在服务的社区中建立邻里互助示范社区的方式,推动社区志愿者招募与成长,弥补项目组员服务上的不足。与其他公益组织互相帮助和互相学习,有助于项目帮扶活动更有效地进行,有助于志愿服务业务水平的迅速提升。

2. 大力宣传,营造氛围

广西八桂义工协会关爱独居老人项目组充分发挥新闻媒体的作用,开设专栏、专题、专版等及时报道关爱独居老人志愿服务行动的进展情况,宣传活动中的好做法、好经验、好典型;充分发挥社会力量的作用,大力宣传关爱独居老人志愿服务行动;通过纵横交错的宣传网络,不断增强了广大群众的奉献服务意识,有效提高了群众对关爱独居老人志愿服务行动的参与度。

3. 深度调研,实施有效

广西八桂义工协会关爱独居老人项目组通过深入调查、研究总结、交流经验,认识到社区协调安排的就近的帮扶服务,所涉及的日常生活的帮扶介入,需要一种操作上可行、经济上有效、符合老人特点和心愿的、以居家为主并由社区提供服务保障的养老服务。另外,需要全社会积极参与志愿关怀活动,给予陪伴和支持。

4. 提升技能,稳定团队

广西八桂义工协会关爱独居老人项目组大力加强志愿服务队伍的建设,着力加大全民参与的力度,建设一支规模适宜、相对稳定且具备专业水准的关爱独居老人志愿服务队伍,更好地满足独居老人的实际需求。

第十章　广西众益社会工作服务研究中心参与贫困治理的实践

一、广西众益社会工作服务研究中心简介

广西众益社会工作服务研究中心正式注册成立于2013年,是一家致力于发展社会公益事业的非营利民间机构。该中心主要研究及服务范畴包括社会工作服务与研究、社会工作决策策划咨询、社会工作者培训实习与成长服务以及不同类别的项目服务,如社区综合服务、家庭综合服务、青少年教育服务、社会工作者成长服务、企业员工服务、社会工作调研及决策咨询服务等。

广西众益社会工作服务研究中心旨在创建广西专业的本土社会工作服务研究中心,贯彻推广社会工作理念,促进社会管理创新,为政府和社会提供专业化服务,并通过专业化顾问、实务督导、方法研究、人才培训、机构评估和项目评估等服务,推动专业社会服务机构的建立,提升其社会服务、组织运作和可持续发展能力,最终达到提升服务对象的社会福祉,实现和谐社会。

广西众益社会工作服务研究中心宗旨包括尊重、公平、责任、专业等,即尊重体现在尊重每一个人的人格及潜能,公平体现在为每一个人的发展争取公平的机会,责任体现在坚守社会工作者对案主、对机构、对社会的责任,专业体现在不断提升专业水平,保证案主利益优先。

广西众益社会工作服务研究中心业务范围包括承接政府、企事业单

第十章　广西众益社会工作服务研究中心参与贫困治理的实践

位、公(私)募基金会等推出的各类社会服务类项目;开展社会调查和政策研究,协助政府准确把握社区群众的社会服务需求;开展社会工作专业建设和人才队伍建设,制定行业规范和标准,有效地推动民间公益领域发展;专业社会服务机构孵化,将重点支持社区服务、环境保护、社会管理创新、公益活动创新等类型机构,并力图辐射广西壮族自治区全境;针对专业社会服务机构的系统培训,包括社会组织人才基础培训、领导力培训、社区骨干培训、青年志愿者培训等;开发专业社会服务类机构培训的教材,系统阐述机构组织培训理念、课程内容、典型案例和培训方法,并进行广泛传播;通过开展顾问、社会工作实务督导、服务方法研讨、人才培训、机构评估和项目评估等服务,帮助专业社会服务机构提升实务能力和组织运作能力;社会服务项目的策划、营销和开发。

二、广西众益社会工作服务研究中心参与贫困治理的项目实践

(一)南宁市隆安县低保对象社会工作服务项目

1.南宁市隆安县低保对象社会工作服务项目的主要做法

(1)做好低保对象的精准识别和需求调查。一是做好低保对象的精准识别工作,对服务对象的精准识别是精准扶贫的基础性工作,在项目初期,项目社工结合县低保核查工作对200余户低保户进行身份识别工作,排查了70余户不符合低保要求的低保户。二是统计好低保对象的需求,社会工作倡导"以需求为导向"设计和提供服务,具体为通过走访、家访和协助社区活动以及主办社区活动的方式,深入低保人群中发现他们的实际需求。

(2)社会工作介入低保对象服务方法与内容。在进行需求调查后,发现低保群体致贫原因不尽相同,其需求也呈现多元化、复杂化趋势,具体体

现了社会融入、心理疏导、医疗、就业和养老等多方面的需求。根据不同类别的需求，运用不同的社会工作方法提供服务：一是社会融入主要通过社区活动进行推进。开展了"520我和你""我们和电影有个约会"等主题活动，一方面使低保人群和非低保人群共同参与活动；另一方面鼓励低保对象参与进社区服务中，以增进两个群体间的社会互动，减少和消除社会对低保人群的负面标签，以促进低保对象的社会融入。二是心理疏导主要通过个案服务、个案管理和个案咨询进行介入。一方面通过定期家访的方式，提供了数十次个案咨询服务，建立了稳定的心理监测机制，及时发现问题，解决问题；另一方面在特殊情况下（如停保后的短期时间内），加强与服务对象的沟通与接触，及时地对"不合理信念"进行介入和干预，同时能够对"有需要者被停保"现象进行及时的介入。三是医疗需求进行个性化服务对接。因为医疗需求是群体性需求，主要通过链接医院资源为服务对象提供义诊服务，社工为服务对象建立起健康档案，构建健康检测机制。同时，社工还通过小组工作提供相应的信息、资源等服务。四是就业需求主要通过资源链接的方式进行介入，通过与镇政府和社区的合作，链接50家相关企业资源，提供了2000余个工作岗位机会。此外，还为低保对象提供了创业项目推介、创业资讯、劳动维权、劳动就业和社会保障政策咨询等服务。五是养老需求主要体现在医疗和精神文化需求两个方面。医疗不再赘述，而精神文化需求主要通过社区活动和小组活动的形式进行介入，通过开展"520我和你""我们和电影有个约会"等丰富有趣的活动，提供服务对象参与娱乐的机会从而满足精神文化需求。

2. 南宁市隆安县低保对象社会工作服务项目的主要成效

通过对低保对象的识别，从根本上打击"福利欺诈和侵占"，间接地消除一般群众、"三无"人员、有劳动力的低保人员、部分复员退伍军人及家属、无业毕业生、基层工作人员、低收入职工、进城务工人员等群体因此而抱有对政府的不满情绪。同时进一步掌握了低保对象的信息，形成了动态

第十章　广西众益社会工作服务研究中心参与贫困治理的实践

管理机制。

根据不同的需求,分别使用个案、小组和社区的工作方法进行介入。不仅深层次、多方位地促进了低保对象能力的提升,而且通过促使低保群体和非低保群体的互动,有效减少和消除了社会对低保人群的负面标签,促进了低保对象的社会融入的同时,丰富了服务对象的精神文化生活,践行了老有所乐精神。此外,通过资源链接还促进了服务对象健康水平的提升和就业机会的增加,促进了服务对象的"自助"。

3. 南宁市隆安县低保对象社会工作服务项目的存在问题

(1)人力、财力资源匮乏形成的恶性循环。

一方面,社工机构的发展基本依靠承接政府项目,对政府的依赖性极强,缺乏多元的经费来源。另一方面,社会工作属于新兴行业,尽管有政府的大力扶持,但人才培养并非朝夕之事,而职业声望和职业收入低下造成的职业土壤贫瘠,使社工行业出现了"人才流入率低,流出率高"的现象,这直接导致了行业人才沉淀成本高、难度大的问题,也直接影响了社工机构自身的"造血"功能,形成了恶性循环。

(2)物力资源匮乏影响服务效率。

物力资源匮乏主要体现在办公条件上,通信、办公自动化等基础设施的缺乏,直接影响了服务人员的办公效率和服务效率。此外,低保人员居住地分布较为零散,导致了社工服务覆盖面广,而交通工具的缺乏更是严重降低了服务效率。

(3)项目期限限制了服务内容的深度开展。

服务项目通常以承接政府项目的形式进行,而项目均为一年期,这就直接导致了需求挖掘难以深入和服务难以可持续。一是需求挖掘难以深入。需求表述和认同度是正相关的。在服务初期,服务对象会对社工的能力持怀疑态度,从而忽视社工的存在或坚持对社工持谨慎的评价。此外,在社会服务观念尚未普及的今天,服务对象自然存在意识不到社工机构的存在对其生活能够产生的影响。这就导致了服务前期"假性无需求"现象和中期"需求浅层次"的现象,而当社工机构获取了服务对象的认同度,服务对象也适应社工服务,能够表述其深层次需求时,服务项目却已然到期,服务已无法继续。二是服务难以可持续。尽管社会工作倡导"助人自助",但"助人自助"的过程同样需要时间,而对于因开案时间晚、需求复杂、必要服务时间长等种种原因导致在项目结束时仍然无法达成服务目的的服务只能遗憾被迫中断持续服务。

(二)崇左市江州区友谊社区社会工作综合服务项目

崇左市江州区友谊社区社会工作综合服务项目是由广西壮族自治区本级财政支持、广西众益社会工作服务研究中心承接的社会工作服务项目。友谊社区是2014年5月成立的一个新社区,居民多为周边迁入的农民及其子女,是典型的核心家庭社区,居民经济水平普遍较低,且文化水平大多不高。因此,面临着资源链接、学习辅导、行为矫正、能力建设和提升、生活质量提升和社区宣传倡导等多重需求。

1. 崇左市江州区友谊社区社会工作综合服务项目的主要做法

崇左市江州区友谊社区社会工作综合服务项目始终以需求为导向,服务主要由四个模块构成:第一个模块的服务是助力社区困境儿童发展服务,利用"四度空间"学堂这个平台,为社区的监护缺失儿童提供课业辅导、情绪管理、行为矫正、家庭系统治疗等服务;第二个模块的服务是充实社区的养老服务,在社区日间照顾中心、12349平台等已有的服务基础上,服务的重点放在空巢老人的随访、孤独感的消除和社会支持网络的建构等方面;第三个模块的服务是协助社区居委会做好低保对象的服务工作;第四个模块的服务是协助崇左市民政局做好本土志愿者组织的发展工作,推动志愿者的组织建设和品牌性活动的形成,支持更多具备专业技能的人加入志愿者的行列,争取能够孵化一家本土的社会工作专业机构,为今后

第十章 广西众益社会工作服务研究中心参与贫困治理的实践

崇左市在社会工作服务领域争取更多广西壮族自治区本级财政的支持打下基础。

2．崇左市江州区友谊社区社会工作综合服务项目的主要成就

(1)建设社区综合服务中心平台,完善了社区服务体系。

为将四个服务模块进一步有机地整合,崇左市江州区友谊社区社会工作综合服务项目社工在友谊社区利用社区提供的场所,建设了社区综合服务平台,包括众益工作间、心灵驿站、四度空间学堂和志愿者组织孵化基地,并利用这个平台提供社区所需的各类服务。

(2)建立健全了社区、社会组织和社工的"三社联动"运作机制。

崇左市江州区友谊社区社会工作综合服务项目以社区综合服务中心为平台,动员和组织了当地的志愿者组织参与社区服务,以项目专职社会工作人才为支撑,形成了"三社联动"的运作机制,使社区综合服务顺利开展,有助于推动社区治理模式的创新。

(3)强化了社工服务的专业性。

崇左市江州区友谊社区社会工作综合服务项目始终围绕促进以互助为核心的社区融合、发挥社区自治功能、推动普惠性服务的主旨展开一系列持续性的行动,将一种类型的活动或是一种服务技术做深做透,并加以总结,力求服务成效可观察、可评价、可预测,提升服务的合理性和科学性,从而强化服务的专业性。

3．崇左市江州区友谊社区社会工作综合服务项目的存在问题

(1)社区居民对社工的认知度较低。

崇左市江州区友谊社区社会工作综合服务项目作为第一个示范点进驻到该社区,因此社区和社区居民是第一次接触到社工。另外,因服务需要,项目社工通常会与社区工作人员、志愿者共同开展活动,在居民还未能清楚了解社工的情况下,他们还不能分清社工与其他职业的区别在哪,从而对于社工开展的工作也难以理解。另外,民政各部门虽然都在大力推广社

工发展,但实际上许多地方部门对于社工的认识和了解仍然非常少。

(2)项目周期短,难以满足社区需求。

友谊社区作为一个新成立的社区,面临的很多问题是需要长期的工作才有可能得到真正解决的。但该项目周期过短,社工与社区居民的关系刚刚建立,许多需要深入开展的工作得不到持续性支持,难以达到理想的服务成效。同时,项目周期短且得不到持续,社工就会像走过场一样,对于社区治理工作可能会产生负面影响。

4. 崇左市江州区友谊社区社会工作综合服务项目的改进措施

(1)提高社工的专业性。

社会工作者作为一种职业,仍然需要提升自身的专业技能来获得社会的认可。项目服务的开展能够很好地锻炼和提升社工的专业技巧和工作方法,有利于培养社区社会工作领域的专业人才队伍,更好地使社会组织融入社区治理当中。

(2)保障项目的持续性发展。

社工项目是否得以持续发展是考验社会组织在项目开展过程中的项目管理和项目实施能力,因此为保证项目得到持续发展以满足社区需求,购买方可加强对项目的评估工作,做到及时评估、专业评估,以避免项目的终止给社区治理带来的负面影响。

(三)南宁市江南区新锦社区居家养老社会工作服务项目

1. 南宁市江南区新锦社区居家养老社会工作服务项目概况

为了促进广西社会工作的发展,探索政府购买社会工作服务机制,在居家养老服务领域取得突破性进展,广西壮族自治区民政厅通过政府购买服务的方式,在江南街道新锦社区设立居家养老服务示范点,拟通过引入社会工作专业服务,探索居家养老的服务模式。南宁市江南区新锦社区居

第十章　广西众益社会工作服务研究中心参与贫困治理的实践

家养老社会工作服务项目是广西壮族自治区民政厅根据政府向社会组织购买服务文件的精神而指导购买的社会工作服务项目。新锦居家养老项目立足社区内60岁以上老人，通过专业社会工作人员运用小组、个案及社区工作三大专业方法带领社会志愿者为社区老年人提供预防性、发展性和支援性服务。其性质是福利性服务，以"家庭养老为基础，社区服务为依拖，机构养老为支持"，提供具有适宜技术的基本养老服务。

项目名称：南宁市江南区新锦社区居家养老社会工作服务项目。

项目时间：2015年3月至2015年10月。

委托单位：广西壮族自治区民政厅。

执行机构：广西众益社会工作服务研究中心。

2．南宁市江南区新锦社区居家养老社会工作服务项目内容

南宁市江南区新锦社区居家养老社会工作服务项目采用"普遍化服务为基础和个性化服务提质量"的服务理念进行项目服务设计，主要包括以下几项特色社工服务。一是预防性服务。通过采用定期家访、小组活动、举办讲座等服务活动预防老年人各种心理问题产生，提高晚年生活的幸福度。二是发展性服务。为老年人提供兴趣培养、能力发展、鼓励参与社区事务及社区义工服务，发挥个人潜能，参与社区建设。三是支援性服务。针对特殊需求老年个体，特别是独居老人的健康、情感关爱、生活等方面的需求或问题，由专业社会工作者通过个案心理辅导服务介入跟踪处理。四是志愿服务。在社区内、社会上广泛招募志愿者，通过社会工作者对志愿者的培训，有效地开展志愿者活动，营造良好的社会支持关系，提高社区凝聚力。

3．南宁市江南区新锦社区居家养老社会工作服务项目开展过程

为了进一步挖掘南宁市江南区新锦社区老年人的具体需求，同时也为了让社区老年人更好地理解社会工作服务，南宁市江南区新锦社区居家养老社会工作服务项目社工细化了居家养老服务内容，主要分为上门探访服

务、个案服务、小组服务(家庭关系、社会交往、康复保健、人生价值和生命回顾等小组服务)、休闲娱乐服务(美食制作、老年运动会、老年晚会、歌唱活动和书法绘画摄影等活动)、学习教育服务(手机、电脑、唱歌和手工学习等活动)、社会资源引入服务(义务维修、义务剪发、爱心义诊和法律咨询等服务)和日间照顾中心服务(临时照顾、心理疏导和康复保健服务)。

(1)社区探访服务。

项目社工坚持每周社区探访和社区随访,向社区老年人介绍居家养老服务项目,了解及评估老年人具体问题需求,发掘个案;并通过走访邀请老人参加小组及主题活动,进一步增进与老年人之间的关系。

(2)日间照顾服务。

老年人日间照顾中心是项目社工为社区老年人提供日间照顾服务、康复训练服务的主要场所,并配有相应的各类康复器材和电器用品,为社区老年人提供了便利。日间照顾中心具有服务内容多样化、规范化,服务场地运营常态化等优点。

(3)个案工作服务。

项目社工根据已有的社区老年人档案对社区内有个别需求的老年人进行走访,并为其建立服务档案,提供个别化的个案服务。在个案工作过程中,社工严格遵循个案工作过程(接案—预估—计划—介入—评估—结案—存档),对在心理、情绪等方面存在问题的老年人进行个案心理辅导服务;对家庭关系紧张的老年人进行家庭关系重建与改善的服务;对经济和生活困难的老年人进行社会支持网络服务。

(4)小组工作服务。

项目社工通过社区走访和个案服务挖掘服务对象的共同需求,有针对性地开展预防性、支持性和发展性小组。针对老年人的康复保健需求,项目社工开展了"健康在手·幸福于心"康复保健小组;针对老年人的兴趣爱好培养需求,项目社工开展了"生活如此多娇"小组活动;针对老年人的社会交往需求,项目社工开展了"真情沟通"手机学习小组等。项目社工运用

第十章　广西众益社会工作服务研究中心参与贫困治理的实践

小组工作方法,引导组员解决共同存在的问题及满足自己的需求,并建立互助网络,形成共同爱好交际圈。

(5)社区工作服务。

培养和发展老年人兴趣爱好,丰富老年人晚年生活,是居家养老服务的一大内容。项目社工不定时地开展各式各类的兴趣爱好主题活动,激发老年人的活动参与热情,通过活动增进老年人之间、老人与祖孙之间的沟通与交流。项目社工开展了"踏春,游南湖"老年人春季出游、"益起来,卷卷爱"祖孙寿司制作、夕阳红合唱团和"粽叶飘香,情暖新锦"包粽趣味赛等康乐型活动。

4. 南宁市江南区新锦社区居家养老社会工作服务项目执行成效

南宁市江南区新锦社区居家养老社会工作服务项目执行的过程当中,社工积极引导老年人自己组织和参与社区活动,增强老年人的社区意识、凝聚力和归属感。丰富了社区老年人精神文化生活,促进了社区老年人之间更加充分平等的交流与沟通,增进了社区邻里关系,促进了社区老年人之间社会支持网络的形成,为构建更加广泛的熟人关系网络奠定了基础。在开展了为期半年的多样化服务后,社工采取随机抽样的方式,在社区老年人中随机抽取60名老年人进行问卷调查。调查对象都认为社工居家养老服务带来了生活的改变。其中,26.67%的老年人认为多样化的服务活动减轻了孤独感;45%的老年人认为参加活动后认识了更多的朋友;28.33%的老年人认为在活动中学习到了更多的知识。

南宁市江南区新锦社区居家养老社会工作服务项目的主管部门和项目执行社区领导对该项目也给予了高度评价。广西壮族自治区民政厅评价认为,广西众益居家养老项目是一个利民的项目,通过项目的活动可以使社区老人更加积极参与各种活动,增强老年人的社区意识、凝聚力和归属感,丰富了社区老年人精神文化生活。广西社会工作协会评价认为,广西众益居家养老项目使居民很好地了解社会工作者,能够对社会工作进行一个深入的宣传,社区居民遇到困难可以及时主动向社工寻求帮助。南宁市江南区新锦社区居委会评价认为,看到社区阿姨们的热情,这不仅是社区工作人员的努力还有众益各位社工的支持与帮助。大家幸福的笑容能让社区工作人员更加希望今后把社区工作做得更好,同时也希望更多的居民参与到其中,共建幸福新锦。

(四)南宁市青秀区困境未成年人社会工作服务项目

1. 南宁市青秀区困境未成年人社会工作服务项目概况

监护缺失是未成年人权益受损的主要原因,从家庭服务介入,提升家长、监护人监护能力,为未成年人营造安全的成长环境是适应并很好利用了中华传统"家"文化保护未成年人的本土化实践。南宁市未成年人社会保护中心初落成,监护缺失未成年人个案数据库并未完善,监护缺失未成年人家庭亟待个案化、风险分级化介入。

2015年,南宁市政府拨出专项资金推动未成年人社会保护试点工作,拟构建以南宁市未成年人保护中心为圆心,辐射南宁六城区的困境未成年人保护网络。广西众益以此为平台,以南宁市青秀区为试点,探索监护缺失未成年人信息化个案介入模式。通过进一步加强与未成年人社会保护系统相关方面的交流以及与服务对象建立联系,进一步规范服务流程与服务档案管理,强化服务的专业性,进一步增强对志愿者队伍的组建与培训,构建监护缺失未成年人社会支持网络,对监护缺失未成年人及其家庭提供综合介入服务,建立南宁市青秀区监护缺失未成年人保护信息化个案介入试点。

2. 南宁市青秀区困境未成年人社会工作服务项目中期进展情况

为便于读者更清晰了解南宁市青秀区困境未成年人社会工作服务项目执行情况,拟从项目中期要求、中期完成指标、偏离情况说明等方面对项目中期进展情况进行梳理,如表10-1所示。

第十章　广西众益社会工作服务研究中心参与贫困治理的实践

表10-1　南宁市青秀区困境未成年人社会工作服务项目执行情况

项号	项目中期要求	项目中期完成指标	偏离说明
1	实施地点:南宁市青秀区	本项目实施地点在南宁市青秀区	无偏离
2	服务对象或服务领域为:青秀区困境未成年人	服务对象或服务领域为:青秀区困境未成年人及其家庭成员及社会网络	正偏离
3	配备专职人员数:配备专职人员数不少于4人	配备专职人员数:项目配备专职人员4人,全部具有社会工作专业资质	正偏离
4	主要服务内容:①完成服务区域内全体困境未成年人基本信息分析处理,建立基础数据库;②对服务区域内全部一级风险等级、部分二级风险等级困境未成年人进行需求评估(完成数量不少于40份,项目前期在江南区已完成的49份需求评估报告计入完成量);③服务区域内个案工作数量不少于23个,困境得到有效改善的比例不低于50%;④开展不少于6节社工小组活动;⑤在南宁市园湖小学设立驻校社工站,主要为校内及邻近城中村困境未成年人提供社工服务,平均每周提供不少于3个工作日的社工服务;⑥组建一支帮扶困境未成年人志愿者队伍,人数不少于30人	开展的服务内容有:①完成服务区域内全体困境未成年人基本信息分析处理,建立基础数据库2个;②完成对江南区部分一级风险等级和青秀区全部一级风险等级、部分二级风险等级困境未成年人进行问卷调查及需求评估61份;③完成服务区内个案数量34个,困境得到有效改善的比例达80%;④已开展社工小组活动8节;⑤在南宁市园湖小学设立驻校社工站,为校内及邻近城中村困境未成年人提供社工服务,平均每周提供不少于3个工作日的社工服务;⑥组建一支帮扶困境未成年人志愿者队伍,高校志愿者30人,小志愿者88人,总人数达118人	正偏离

3. 南宁市青秀区困境未成年人社会工作服务项目启示

南宁市青秀区困境未成年人社会工作服务项目社工在南宁市青秀区设立未成年人社会工作服务示范点，开展了一些富有趣味性的大型活动，与服务对象建立起信任友好关系，让服务对象了解社会工作和未成年人社会保护服务内容，认识社工、走近社工、接纳社工，从而能够积极主动地参加项目社工接下来开展的服务活动。在"用爱陪伴，呵护成长"——广西众益走进园湖路小学亲子活动中，项目社工通过亲子互动游戏、亲子教育讲座和需求问卷调查等形式，让学生及其家长对社会工作和未成年人社会保护服务有所了解，并与学生建立了初步关系。

此外，项目社工还通过社区走访，加深服务区域内的困境未成年人的认识，同时也加深了儿童和家长对社会工作者及未成年人社会保护服务的了解。随着项目工作的不断深入，项目团队建立困境未成年人基础数据库，了解服务对象的相关信息；根据形成的困境未成年人基本信息数据库对城区内有个别需求的困境未成年人进行走访，并为其建立服务档案，提供个别化的个案服务；通过问卷的方式从监护需求、社交需要和自我保护能力三个方面对困境未成年人进行了需求评估调查与分析；通过社区走访和个案服务挖掘服务对象的共同需求，有针对性地开展预防性、支持性和发展性小组；设立驻校社工站；由大学生志愿者团队和学校招募的"小小志愿者"组成了一支帮扶困境未成年人志愿队伍，形成了"驻校社工站为依托，未保服务辐射城区"的未成年人社会工作服务新模式，完善现有的未成年人社会工作服务体系，并强化了社工服务的专业性和加强了对志愿者队伍的培养。由于人员与资金不足以应对日益增长的服务需求；服务场地不足，服务内容受限等困难影响了服务的开展。还需要进一步加大对项目的投入以及扩大和完善服务场地来深入推进南宁市青秀区困境未成年人社会工作服务项目执行进程。

第十章 广西众益社会工作服务研究中心参与贫困治理的实践

三、广西众益社会工作服务研究中心"三区计划"项目个案分析

(一)"三区计划"革命老区田东县文教社区二期项目概况

广西众益社会工作服务研究中心承接的中央财政支持"三区计划"革命老区田东县文教社区二期项目于2014年7月启动,至2015年6月30日结束,项目实施的总体目标在为社区群众提供社工服务和培养当地社工人才这两个基本目标下,围绕探索社工机构与地方政府的合作机制、探索在欠发达地区开展社工服务的技术路径、总结开发针对留守儿童的服务技术三个阶段性目标开展社会工作服务。项目团队主要通过以下途径来实现年度工作目标:一是进一步加强与地方各级政府间的交流;二是进一步完善现有社工服务体系;三是进一步强化服务的专业性;四是进一步加大活动宣传力度;五是进一步增强对当地社工人才队伍的培训。

(二)"三区计划"革命老区田东县文教社区二期项目的实施目标

1. 加强与地方各级政府间的交流

首先,每个月需要向田东县民政局各科室、平马镇镇政府办公室、项目点所在社区居委会呈递工作月简报。

其次,就社工机构在地方社会治理体系和社会服务系统中的角色及服务模式与地方政府达成初步的共识,最终联合开展了切合需求的活动。

最后,社工加强了自身对民政服务和相关政策的了解和学习,提升专业服务和民政服务的契合度。

2. 完善现有社工服务体系

"三区计划"二期项目将社区留守儿童服务、社区老年人服务、在地社工人才和志愿者培养三个相互独立的服务模块进一步有机地整合入社区留守儿童照顾一个平台当中，以"七点半课堂"为承载服务的核心载体，从留守儿童社区照顾、社区老年人服务、在地社工人才培养三个维度，从个案工作、小组工作、社区工作三个层面，逐步形成嵌入当地社会系统的社工服务体系。

3. 强化了服务的专业性

在活动中，始终围绕留守儿童人际关系的主旨展开一系列持续性的行动，将一种类型的活动或是一种服务技术做深做透，并加以总结，力求活动成效可观察、可评价、可预测，提升服务的合理性和科学性，从而强化服务的专业性。

4. 加大活动宣传力度

通过密切与地方各级政府的合作关系，争取每次社区活动均得到田东县政府官网的报道和宣传。同时，社工还每月向百色市的各大媒体提供活动材料和新闻稿，如《右江日报》《百色早报》和田东生活网等。此外，还积极利用网络媒体号召和组织志愿者参与服务活动。

5. 增强对在地社工人才队伍的培训

在田东县民政局基层政权建设科、社会福利科的大力协助下，扩大社工培训的覆盖面，针对田东县所有社区、村级两委班子成员开展了社工基础知识的培训工作。此外，除了鼓励培养对象积极参加活动，积极动员培养对象参加到年度社工职业资格考试，以此为契机加深对社工理论认识广域。

第十章　广西众益社会工作服务研究中心参与贫困治理的实践

(三)"三区计划"革命老区田东县文教社区二期项目进程

1．协助田东县民政局为民政对象提供社工服务

首先,坚持本土服务价值观。在政府购买服务背景下,民间专业机构(组织)与政府合作,提供专业服务,提高居民生活满意度和幸福感,发挥社会稳定的功能。

其次,项目服务中更注意结合民政工作对象开展,主要体现为联动培养对象和社区志愿者,共同致力于为民政工作服务对象中的"三留守"人员提供服务。

最后,本期项目服务范围由平马镇文教社区社工站拓展到田东民政的公共服务设施敬老院、五保村等。此外,项目还积极将服务向乡村留守儿童聚集的小学辐射,探索形成城镇、乡村结合的多层次的服务体系。

2．以个案管理作为社会工作服务的技术路径

通过课业辅导、假日活动、日常文娱活动等方式吸引儿童,形成稳定的服务平台,形成个案拓展服务和小组工作活动,并链接社区志愿者形成社区支持系统之一,最终实现个案工作与小组工作、社区工作的有效融合。

3．强化宣传力度,拓宽培训广度,挖掘培训深度

首先,利用机构的微信平台、当地政府网站、当地的报纸、当地其他网络媒体及工作简报等进行强化宣传。

其次,针对田东县167行政村村长、街道居委会主任开展了关于社会工作的大规模培训。

最后,挖掘培训的深度,体现为除派遣4名培养对象前往成都参加由民政部民政司举办的"三区计划"社会工作实务能力提升培训班外,还鼓励培养对象参与项目活动,并成功鼓励了4名培养对象参加了2015年度社会工作职业资格考试。

4. 资源调动渠道多样化更突出

根据项目推进需求,除连接当地民政系统资源外,特在众筹网融资平台上发起"爸妈陪我看场电影吃顿饺子——关怀留守儿童打工子弟"公益活动,将资源来源渠道推向全社会。

(四)"三区计划"革命老区田东县文教社区二期项目专业服务剖析

1. 需求分析

基于一期"三区计划"工作已有的数据材料,并通过社区访谈法、座谈法,了解社区留守儿童、打工子弟的需求。

通过项目组访谈得知,平马镇文教社区辖区内的儿童特别是留守儿童和打工子弟,鲜少时间享有父母的陪伴,课余生活单调,文娱生活缺乏。由于年龄、家庭因素、社区配备等的原因,儿童在社区的活动范围较窄。儿童在亲子陪伴、社区参与、娱乐活动方面的需求不足。

通过项目组走访了解,掌握了平马镇敬老院、五保村目前老人活动空间狭小,生活单调,文娱生活缺乏,加之工作人员紧缺、尚无社会组织介入,老人急需社会力量的注入,丰富其生活。

2. 介入的必要性

社会工作者发现(如图10-1所示),"社区、社会组织、社区居民没有介入提供服务,敬老院老人生活单调,孤寂感强烈"问题(A)的背后存在"敬老院老人需要被陪伴,进行情感表达,而社区中的居民具有参与社区事务"需求(B),存在的问题(A)与未被满足的需求(B)之间的现实情况却是"社区想提供服务无相关资源,不想揽事上身。另一方面,存在社区中留守儿童课余生活单调,鲜少参加敬老服务,以及常规家庭儿童希望与家长一同从事志愿服务,而没有时间、没有平台"的现状(C)。根据上述,社会工

第十章　广西众益社会工作服务研究中心参与贫困治理的实践

作者界定出"留守儿童与常规家庭在敬老活动中收获体验,老人收获欢乐,社区见证了有益的尝试,推动社区积极性"的干预目标(D),设计出使用于"社区敬老院老人、留守儿童、社区常规家庭互动"的系统学习(E),促进目标(F)的实现,推进需求(B)满足,最终问题(A)解决。

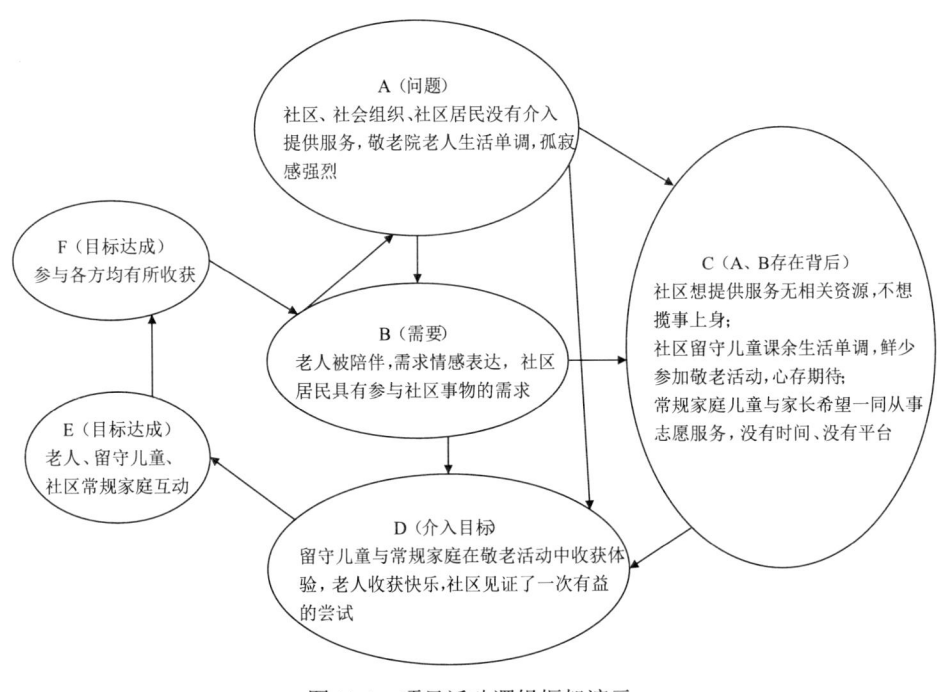

图10-1　项目活动逻辑框架演示

可见,如何从问题看到各方不同的需要,从而制定目标,通过系统方案付诸实践使目标达成,满足不同层次群体的需要,促进问题的解决,是一线社会工作者必须攻克的问题。

3．社会工作者的介入

一是分析预估确定整体目标。推动儿童组成朋辈群体,形成关怀与支持网络;加强青少年和社区事务的联系,为儿童青少年提供参与性机会,促进其"自我"的发展,增强自我的效能感,增强对所在社区的融入感。

二是将社会系统理论和抗逆理念应用于社区服务实践。根据卢曼的社会系统理论观点,社会系统被看作基于要素和关系的动态体系,这一系统的复杂性突出了选择的作用,即社会系统中的任何一个运作都是在诸多可能性中的一种选择。从宏观上看,我们所处的社会系统与其周边环境进而与世界构成一个多层次的结构体。通过系统与环境的互动,可以使环境中存在的可能性成为系统运作的组成部分,同时也使系统的产物成为环境的选择。系统还能够通过环境进一步对世界有所了解,以求扩大自身的活动场域和运作的可能性参照。

把文教社区视为一个社会系统,一个整体及其相互关联的组成部分。个人之间、团体之间、个人和团体间的相互行为构成,个人之行为和动机、地位和角色的关系、团体动态性和其影响力等构成了要素和关系的动态体系。社区的运作如何,很大程度上与涉身其中的个体、团体、个人及团体间的相互关系有关。

广西众益田东项目点服务一线,关注留守儿童成长、亲职教育,针对社区的整体情况,围绕"人际互动"主线,设立留守儿童、社区亲子家庭、社区志愿者和社区老年人彼此间互动的平台,以期促进各类人群的共融,更好地促进社区内各类人群间的互动。另外也采取了链接媒体进行报道,争取到社区外部的关注,以期促进社区与外界的互动。最终实现不同人群获取社区参与机会,个体对社区的吸引与归属增强的双赢。

值得一提的是,在社会系统大的理论框架内,社会工作者遵循抗逆理念为指导的介入手法应对当前社区留守儿童问题与社区为老服务是一种现实的选择。社区留守儿童的问题是中国城市化进程当中,处于社会转型期所形成的社会问题。通过文献可知,虽然社会、学界倡导关注留守儿童,但对这个群体本身,国家需投入资源和可投入资源量尚不可知。近年随着媒体曝光留守儿童伤害事件,留守儿童日渐引起政府部门重视,然而近年来出台的对进城务工人员的随迁子女的各种政策,并不针对留守儿童本身。就算国家愿意增加对留守儿童群体的直接投入,以当今留守儿童的规

第十章 广西众益社会工作服务研究中心参与贫困治理的实践

模来说,需投入多少资源方能解决问题、资源的通达率是否能够确保也是个疑问。可以预见的是,用问题视角去看待留守儿童对其本身也具有诸多的负面影响。而抗逆理念则着眼于社区自身优势资源的开发和利用(外在资源)、个体自身对困境的适应(内在资源),在不增加政府财政负担的情况下尽可能地稳定服务对象的生活状态,从实际操作层面来说,在当前的条件下这无疑是一个现实的选择。

抗逆力的理念是优势视角的核心概念之一,指个体面对逆境时所表现出来的良好适应的能力、过程与结果。从实务层面,侧重点在于先适应,而后改变。抗逆力具体发生原理见表10-2。

表10-2 抗逆力的工作理念

外在资源		内在资源		
支持与机会		正面的发展成果		装备儿童更能面对及克服成长中来自现实的挑战
正面因素: 坚定清晰的规范 关怀支持、非评判的气氛 合理而高的期望 有意义的参与机会	→	抗逆力的素质: 效能感 归属感 乐观感 探索欲	→	

由表10-2可见,外在资源(支持与机会中的正面因素,包括坚定清晰的规范、关怀支持、非评判的气氛、合理而高的期望、有意义的参与机会),可促进内在资源(正面的发展成果的形成即抗逆力的素质,包括效能感、归属感、乐观感和探索欲),并最终促成装备儿童更能面对及克服成长中来自现实的挑战的能力。

4．社区服务的具体案例

在项目执行的过程中,不断调整完善项目服务,社会工作者通过访谈法的调查方法,发动并招募的参与活动的对象,尤其是留守儿童,90%的儿童日常主要由母亲进行简单的生活照料,而一天内能与母亲相见的时间更是少之又少,加之不少母亲只有小学、初中的受教育基础,没有时间陪伴孩子,缺乏自信辅导孩子,导致孩子从父母处可获得的支持有限。但是,作为父母,他们对孩子向好存在着一定的期待,譬如,希望孩子能在一种可信任的安全中,进行丰富的娱乐,希望孩子能有好的成绩,希望孩子能大胆等。由此,不能否认父母对孩子的关爱,但社工无法以爱之名,去要求儿童的父母放弃生存来无微不至关怀孩子。因而,社工在对家庭的介入中,更体现对儿童父母生活不易的理解,在介入的时间安排方面总是精心而刻意。

基于儿童家庭支持的情况,社工聚焦于构建儿童的人际互动能力。在走访宣传中招募筛选出小组活动的成员,组成朋辈群体小组。该小组内进行"男女大不同"等系列的专题活动,形成小组在朋辈群体内互动的自信与能力,形成小组的凝聚力。然而,小组内毕竟存在封闭性,逐渐熟悉之后,挑战性与吸引力边际递减效应增强。最根本之法在于形成一种更高而有意义的参与机会,让儿童进行探索,实现自身的价值感。

社会工作者发现社区存在这样的情况,社区、社会组织、社区居民没有介入提供服务,敬老院老人生活单调、孤寂感强烈,存在被陪伴需求;社区中的居民具有参与社区事务需求,苦于无平台实现;社区本身提供服务无相关资源,存在多一事不如少一事的念头;社区留守儿童课余生活单调,期望表现自己。据此,社会工作者希望融合社区、社区留守儿童以及社区其他居民志愿者的力量,以敬老服务为载体,推动留守儿童与社区、社区军民志愿者在参与对老服务中,增强与人互动的能力,达到有意义的参与中实现自我价值;另外,社区和社区居民志愿者共同参与进来,体现社区群众路线的工作法,增强与居民互动,利于提高居民志愿者、老人的满意度,利于和谐社区推进。

据此工作思路,社会工作者先后联合民政部门、老龄办,联动社区居民志愿者、社区留守儿童的方式致力于对老的服务中,在质性评估中,参与各

第十章　广西众益社会工作服务研究中心参与贫困治理的实践

方综合评价为优。并且,活动得到当地四个不同媒体平台报道,社会反响很好。

值得一提的是,每一次的社区服务活动并不仅仅是单次的活动。在社会工作者开设的9个个案中,5个个案对象通过不同形式参与到社区活动中,实现了自身情况更好的改善。

(五)"三区计划"革命老区田东县文教社区二期项目实施成效

负责"三区"计划革命老区田东县文教社区二期项目的4名选派社工以开展实际服务的形式营造社会工作氛围,通过增加培养对象的参与度,鼓励培养对象参与社会工作职业资格考试,帮助他们进行提升。所开展的服务面对社区留守儿童、打工子弟以及部分社会功能障碍的社区老年人。服务形式包括:社区留守儿童成长服务;社区老年人社会功能恢复;社会工作人才队伍建设。取得成果包括:举办社区关键事件活动4次,分别为"九九重阳欢乐多"活动、多方欢度春节茶话会活动、"爸妈陪我看场电影吃顿饺子——关怀留守儿童、打工子弟"活动及"智勇大闯关,欢乐儿童节"活动,受益人数总共约406人;举办专业小组系列活动共14次,分别为中秋"果"然精彩、防拐知多少、人际互动——支持星座、人际互动——男女大不同、人际互动——"男女变辩"、人际互动——心鑫花样、人际互动——年终特别——蛋糕DIY活动、人际互动——精彩"福不福"、人际互动——学也快乐、大开"金"口、金口大开、欢乐前奏、畅所欲言及小鬼当家等儿童人际关系小组活动,服务共计189人次;开展个案服务走访等拓展服务,其中留守儿童和打工子弟服务人数为31人,服务总计700人次;老年人个案服务人数为2人,服务次数为30次;开展3次相关培训,培训的主要对象:田东县行政村村长、街道居委会主任,社区志愿者,培养对象,居委会工作人员。

项目活动取得成效还包括：田东县各级领导、社区居委会通过每个月的工作汇报了解并接受社会工作；社会工作活动常规化，并与民政工作有效结合；服务对象的问题得到缓解，社区归属感增强，社会支持网络逐渐形成，社会功能恢复并强化；通过平面媒体、网络平台等媒介宣传社会工作8次，在社会上取得较好反响。年度服务事件一览表见表10-3。

表10-3 年度服务事件一览表

活动名称	参与人次	时间、地点	社会效益(捐赠金额、捐赠物品价值)
九九重阳欢乐多	108	2014年10月1日 平马镇敬老院	无捐赠，项目经费实报实销
多方欢度春节茶话会	103	2015年2月9日 平马镇敬老院	无捐赠，项目经费实报实销
爸妈陪我看场电影吃顿饺子——关怀留守儿童、打工子弟	55	2015年2月13日 平马镇文教社区	捐赠1915元人民币
智勇大闯关，欢乐儿童节	140	2015年5月30日 朔良镇六羊小学	无捐赠，项目经费实报实销
儿童人际关系小组活动	189	2014年9月1日至2015年5月30日 平马镇文教社区	无捐赠，项目经费实报实销
田东县行政村村长、街道居委会主任	167	2014年10月31日 田东县党校	无捐赠，项目经费实报实销
社区志愿者培训	46	2014年10月1日至2015年2月12日 平马镇文教社区	无捐赠，项目经费实报实销
儿童个案服务	700	2014年7月1日至2015年6月20日 平马镇文教社区	无捐赠，项目经费实报实销

第十章　广西众益社会工作服务研究中心参与贫困治理的实践

续表

活动名称	参与人次	时间、地点	社会效益(捐赠金额、捐赠物品价值)
老人个案服务	30	2015年1月1日至2015年6月1日 平马镇文教社区	无捐赠，项目经费实报实销

1. 受援地区和服务对象需求得到满足

(1)受援地区需求满足。

随着驻点社工与当地政府之间交流的增多，双方就社工机构在地方社会治理体系和社会服务系统中的角色及服务模式逐渐达成共识，社工的行动目标和民政服务的契合度在不断地提升。近期开展的针对田东县社区、村级两委班子成员的培训，针对福利设施养老院的爱心志愿者活动，均是双方协商合作的成果。社工服务已逐步融入当地的公共服务体系，形成有效的补充，更好地满足了受援地区的需求。当地政府对于社工的认受度有了一定的提升，民政部门出现要求社工将服务范围扩大到文教社区以外社区的呼声，并做出携手社工到朔良镇六羊小学开展服务的有益尝试。

(2)服务对象需求满足。

针对社区留守儿童的"人际关系"主题小组一直在持续地运转，小组的稳定性很强，并且，活动范围开始从社工站向社区拓展。这从一个侧面反映了现有的服务能够很好地应对服务对象的需求。

2. 培养了当地专业社工人才

2015年的培养对象选送受到了田东县各级领导的高度重视，在民政局和平马镇政府的推动下，在各社区居委会当中挑选推荐了4位候选人。这一行动也得到了广西社会工作协会的大力支持，4位候选人均被批准成为培养对象，并赴成都参加了培训。社工还加强对培养对象的培训，鼓励培养对象参加了2015年社工职业资格考试。

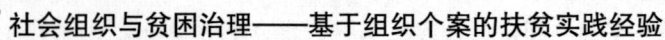

同时,为了更好地挖掘和培养在地社工人才队伍的储备力量,民政局基层政权建设科还和驻点社工合作,组织开展了针对167名基层两委班子成员的大规模培训。

3. 宣传普及了社会工作专业知识

经过一段时间考察,社工发现,当地浏览率最高的公共媒体是政府官网及田东生活网。在民政局办公室的大力配合下,社工将重要活动的信息发布在政府官网上,收到了很好的宣传效果。平马镇各级部门对社工的认受度在不断地提升,很多社区看到新闻后,也提出了到自己社区开设服务点的要求。

(六)"三区计划"革命老区田东县文教社区二期项目的主要经验

"三区计划"核心目标是以派遣社工带领本土社会工作人才,开发针对留守儿童、社区老人及社区志愿者的专业服务活动技术,探索社工机构与地方政府的合作机制及在欠发达地区开展社工服务的技术路径。为达到这一目标,项目团队认为在社会治理背景下,必须实现社会工作与民政工作共融,有三个思路必须贯彻过程的始终:一是达成与民政部门的共识,推动民政工作基层工作人员对社会工作理念的认受度;二是立足于社区,以社会组织为纽带,社会工作人才为支撑,借助民政工作设施,通过社会工作为民政工作对象提供专业服务;三是注重媒体资源的有效利用,加大社工关于民政工作对象活动的宣传普及,善用网络融资平台,为项目活动开展开源节流。

1. 达成与民政部门的共识,推动民政工作基层工作人员对社会工作理念的认受度

尽管存在一种观点认为,民政工作归属于行政管理学范畴,民政工作

第十章　广西众益社会工作服务研究中心参与贫困治理的实践

是一种行政管理工作。然而随着服务型政府理念的提出,以服务为理念、以服务为手段、以服务为形式、以服务为目的运行标准逐渐成为衡量政府工作的重要指标。瞄准民政工作新形势新要求,运用社会工作理论,为民政工作实现专业化提供支持,利用民政公共设施,针对基层民政工作人员、一线民政工作对象,引入社会工作的专业方法和专业理念,使民政工作少一些政治行政色彩,多一些服务特征。

在上述理念的指导下,2014年10月31日上午,在田东县民政局基层政权的组织下,来自田东县9镇1乡共计167名行政村村长、街道居委会主任参加了"三区计划"田东县二期项目2014年度村行政村村长、街道居委会主任主任社会工作培训系列第一期培训,由来自广西众益社会工作服务研究中心的社会工作前线督导周文栋以"社会工作初探"为主题进行社会工作知识宣传及普及。通过行政村村长、街道居委会主任首先参加培训,认识并了解社会工作理念、方法,创造社会工作理念及工作方法在基层影响的可能性。

根据《广西边远贫困地区、边疆民族地区和革命老区社会工作专业人才支持计划实施方案》要求,"三区计划"每年度要在当地培养2~3名社会工作人才。自2013年以来,田东县各级领导高度重视培养对象选送,在田东县民政局的推动下,已从各社区居委会当中挑选推荐了7名培养对象,参与由民政部民政司举办的"三区"社会工作实务能力提升培训班,社工还鼓励并带领培养对象参与"三区计划"项目活动,有4名培养对象参加了2015年社会工作职业资格考试。有意识地逐渐培养民政部门内部从业人员的素养,武装民政工作基层队伍。

2. 立足于社区,以社会组织为纽带,社会工作人才为支撑,借助民政工作设施,通过社会工作为民政工作对象提供专业服务

广西众益就社工机构在地方社会治理体系和社会服务系统中的角色及服务模式逐渐与田东县民政部门达成共识,促进了社工的行动目标和民政服务的契合度在不断地提升。"三区计划"开展以来,针对田东县社区、村级

两委班子成员的培训,针对福利设施养老院的爱心志愿者活动,携手社工到民政联系村朔良镇六羊小学开展的有益服务尝试,均是双方协商合作的成果。

3. 注重媒体资源的有效利用,加大社工关于民政工作对象活动的宣传普及

田东政府官网及田东生活网是田东县当地浏览率最高的公共媒体。社工积极请求田东县民政局办公室大力支持,将相关重要活动的信息发布在政府官网上,收到了很好的宣传效果。据一线社工反馈,来自社区的一些服务对象看到新闻后,也提出了到自己社区开设服务点的要求。另有一些服务对象家长因为在网上看到了活动的相关宣传报道,对社工组织的相关活动更加信任与支持,曾有家长在社工家访时说"每周末有你们经常组织她们去开展活动,我们不再那么担心她们没有安排,无聊地窝在家里了"。

4. 善用网络融资平台,为项目活动开展开源节流,推进大众对项目活动的知名度

立足于社区的实际情况:2015年春节临近之际,田东县外出务工的留守儿童家长陆续返乡,带来亲子间难得的欢聚机会。而流入城镇的农民家长朋友为了生计,难有与孩子间独处的机会。结合很多儿童希望能够到影院观看一场电影的愿望,经多方咨询,最终社工站选择了通过众筹融资平台助力儿童梦想的实现。

联合同样关注儿童青少年成长的机构——南宁青少年健康服务学会加入到项目活动中,以双方机构的名义在众筹网进行发布公益项目信息,众筹项目"爸妈陪我看场电影吃顿饺子——关怀留守儿童、打工子弟"成功于2015年1月30日上线,并于2015年2月9日结束,10天时间内共成功募集到资金1915元人民币。与募集工作同步,一方面项目组成员就儿童及家长春节返乡时间做了走访调查,向儿童家长宣传活动,极力邀请家长在忙碌之中抽时间陪伴孩子一同参与活动;另一方面,社工站不间断地与田东影

第十章　广西众益社会工作服务研究中心参与贫困治理的实践

院沟通,最终不仅获得了影院在其公众微信平台发布众筹信息进行宣传的支持,还获得了每张30元人民币的影院优惠票价。经充分准备,2015年2月13日,来自田东县平马镇文教社区的40名打工子弟、留守儿童、低保家庭儿童及其父母参与了活动。活动中,儿童及家长一齐观影,一齐制作幸福饺,一齐观看孩子既往参加活动的视频,一齐享用合作包出的饺子,父母与孩子两代间拥有了温暖的共同记忆。

至此,社工站发挥资源链接的优势,衔接起网络融资平台、影院、社会爱人人士、热心志愿者,为田东县留守儿童、打工子弟和低保家庭儿童及家长开展社工服务,使得社工服务逐步融入当地的公共服务体系,形成有效的补充。

(七)"三区计划"革命老区田东县文教社区二期项目的问题反思

1. 人员和资金投入不足以应对当地日益增长的服务需求

随着服务的开展,当地政府和群众有增加社工服务的需要,甚至已有社区人员参与活动后,对社工到其所在社区开展相关项目服务提出邀约。但由于人员配备、服务方式、资金的缺乏,进一步增加服务的供给量受到客观条件的约束。

2. 培养对象的培养缺乏激励机制

虽然当地政府和培养对象对于社工的认受度在不断地提升,但对于社工这个职业发展的认知受到了很大的局限。特别是培养对象,如果投入大量的精力、时间、金钱来学习社工服务技术的话,对于自身未来的职业发展到底有什么样的帮助不甚明了,亦无相关的政策性文件对此做出明确规定。因此,相当一部分接受过社工培训的人员都对社工的发展持观望态度。驻点机构能够为培养对象和其他潜在的社工人才提供理念驱动机制,但利益驱动机制的形成超出了机构能力范围。

（八）深入推进"三区计划"革命老区田东县文教社区二期项目的建议

1. 进一步加大对"三区计划"的投入

一是将服务经费提高到支持两个社工长期驻点的水平；二是针对基层社工工作环境恶劣的情况，将人身保险、房租补贴纳入项目预算；三是政府管理部门要建立系统内社工人才队伍培养的激励机制，并出台相关的政策性文件，除每期推荐的培养对象外，扩大外围培养对象的发掘及培养力度。

2. 加强社会工作与民政工作对象的有效结合

党的十八届三中全会已明确提出社会组织参与社会管理体制、社会治理体系创新，重塑政府、市场、社会三者之间的新型互动关系成为国家治理体系现代化的必由之路。广西众益及时把握这种趋势，积极建立政府、企业、社会联动的服务示范点的模式。在现阶段政府购买社会服务项目的背景下，立足于机构宗旨以及业务发展方向，广西众益以培养当地社会工作服务人才为主线，通过督导带教、本土人才实践的形式，以专业社会工作实操手法，关注社区儿童成长和社区养老，其中，又以社区留守儿童和社区孤寡、空巢老人为重点一线服务对象。

3. 扩大社会工作服务覆盖面

中央财政支持"三区计划"田东示范点形成以平马镇文教社区为中心，向周围社区、周边乡村辐射，在小城镇、农村两种不同的社会实体形态中，扩大社会工作服务覆盖面，力争服务项目点的布局结构上能体现社会系统的完整性。

第十章　广西众益社会工作服务研究中心参与贫困治理的实践

4．鼓励培养对象更多参与实务性工作

根据《2014年广西边远贫困地区、边疆民族地区和革命老区社会工作专业人才支持计划实施方案》(桂民办发〔2014〕40号)精神，《2014年广西边远贫困地区、边疆民族地区和革命老区社会工作专业人才支持计划管理暂行办法》出台。该办法中明确规定培养对象的费用，涵盖了培养对象培训费用及工作补贴额度等方面，从制度和财力方面促进培养对象的积极性。作为项目承接及执行方，广西众益将积极落实该办法有关规定，并在一线的服务中，积极发挥本土人士优势，更加紧密和培养对象的联系，推进培养对象更多参与到社工实务性工作中，增强培养对象对社会工作的认识，促进本土社工人才的培养。

第十一章 研究结论与启示

一、主要研究观点

(一)社会组织参与贫困治理是彰显社会组织经济社会贡献力的重要方式

社会组织经济社会贡献力可以表现为多种方式,而通过社会组织参与扶贫开发,有利于丰富开发式和参与式扶贫模式,有利于市场开发能力最强的主体进入资源开发潜力最大的贫困地区,有利于使发展能力最强的组织与发展需求最迫切的贫困群体相互对接,共同创新扶贫开发体制机制,彰显出社会组织经济社会贡献力。

(二)社会组织参与贫困治理扶贫模式是对传统扶贫方式的有效创新

社会组织立足自身优势,利用国家对外开放政策优势,运用合作经济组织形式和合作创业投资模式将更多社会资源包括商业资本整合到扶贫开发领域,社会组织参与贫困治理扶贫模式是对传统扶贫方式的有效创新。

第十一章　研究结论与启示

（三）社会组织参与贫困治理扶贫模式有利于提高扶贫对象的自我发展能力

国内外多年扶贫实践证明,扶贫要取得实效关键是要提高扶贫对象的自我发展能力,在国家对外开放合作、兴边富民行动、全民创业等发展政策深入实施的背景下,社会组织利用特有的国家扶持政策、边境地缘区位、自然资源、民族习俗等资源优势积极参与国家扶贫开发事业,对于扶贫对象变革传统思想意识、更新发展观念、掌握知识技能、增加经济收入、提升科学素养、扩大国际交流合作视野、创新脱贫致富方式等自我发展能力具有显著影响。

（四）社会组织将是参与我国脱贫攻坚新阶段贫困治理的强大新生力量

随着我国社会组织的发展壮大,公益资源的积累及公益技巧的提升,以及我国减贫实践背景的变化,社会组织参与民族地区贫困治理将成为我国减贫事业中不可或缺的结构性组成部分,对国家减贫重大民生问题产生显著经济社会贡献力,在国家全面深化改革进程中推动并优化国家扶贫开发体系,创新国家扶贫开发模式。

（五）国家应拓展政府购买社会组织服务方式,全面提升社会组织参与贫困治理能力建设

政府应从国家层面加快政府职能转移,政府应尽快建立健全国家层面上的社会组织参与贫困治理能力建设机制体制,以拓展政府购买社会组织服务方式为核心,加大对公益性社会组织的扶持和培育力度,研发成熟配套的社会组织参与贫困治理扶贫项目,建立社会组织参与贫困治理的第三方评估机制,完善社会组织参与贫困治理的法律体系等方面增强社会组织

参与贫困治理的内生活力和经济社会影响力,通过政府与社会组织合作互动共同创新扶贫开发模式,共同促进国家减贫事业发展,推进国家治理体系和治理能力现代化。

二、研究创新点与研究不足

(一)研究创新点

1.研究视角创新

在精准扶贫精准脱贫的脱贫攻坚战进程中、在政府职能转变和社会组织蓬勃发展形势的多重背景下,本书的研究视角关注社会组织参与贫困治理的相关研究,试图回答社会组织在参与广西少数民族地区贫困治理中的发展历程和角色定位,并讨论社会组织在全面脱贫进程中的发展策略,研究视角有所创新,深化和拓展了社会组织行动能力研究,也丰富了贫困治理多元主体研究理论体系。

2.研究方法创新

本书主要通过案例研究方法全面总结、剖析不同类型社会组织参与广西贫困治理的典型个案,重点分析了民建广西区委会社会服务部、柳州钢铁集团、广西强荣爱心基金会、皇氏集团股份有限公司、广西佛教济善会、南宁青少年健康服务学会、八桂义工协会、广西众益社会工作服务研究中心在基础设施、文化教育、产业开发、扶贫培训、赈灾救助、扶贫对象与区域社会自我发展能力建设等方面的扶贫实践经验,在实证调研的基础上,形成一个社会组织参与广西少数民族地区贫困治理的行动策略。

（二）研究不足

1.国（境）外在华社会组织研究缺乏

国（境）外在华社会组织，如世界银行集团、国际行动援助组织、汇丰社区伙伴计划、世界宣明会、乐施会、英国国际发展部、日本国际协力事业团等，都在积极支持援助参与我国的扶贫开发事业，在研究初始，笔者也想到政府相关部门收集材料，进行中外社会组织参与贫困治理的异同比较研究，遗憾的是限于各种条件，这一学术愿望不能够实现，这是笔者在社会组织参与贫困治理研究中的遗憾，也是本书研究的不足之处。

2.理论剖析欠缺

本书研究目的在于构建政府、市场、社会等多元主体相互协作、共同精准发力精准扶贫的贫困治理支持网络，提升社会组织参与贫困治理的合法性、有效性和公信力，充分激发出市场和社会等多元主体参与贫困治理的巨大减贫脱贫张力和活力。所以，本书的研究重点和着力点在于各类不同社会组织参与贫困治理的发展历程，主要包括各类社会组织的简介、参与贫困治理的做法、存在的不足、改进策略以及典型贫困执行项目等社会组织参与贫困治理的实践经验教训分析，在较为详细的社会组织参与贫困治理案例分析中忽视了社会组织、贫困治理相关理论的理论建构，实践经验缺乏深度全面的学术对话。

三、社会组织参与贫困治理的启示

（一）政府加强社会组织引导监管和支持力度

从当前社会组织的整体发展形势来看，社会组织要真正取得长足持续发展,政府引导监管是基础,加大支持是关键。政府引导监管社会组织方面,一方面,政府需要加强社会组织信息化建设,政府需要在调研排查的基础上重视社会组织信息化建设,鼓励各类社会组织到政府民政等相关部门进行注册登记,对于进行注册登记的社会组织,在资金和项目支持上给予优先考虑,对于不到政府部门进行注册登记的社会组织,视其组织活动情况给予评估,评估不合格的直接取缔;另一方面,政府还要注重搭建社会组织互助共享平台,建立社会组织资源数据库,切实加强社会组织的发展动态监控和发展需求对接,形成资源共享支持机制,科学依法加强引导监管。政府在加大支持方面,首先需要完善购买社会公共服务程序,规范拓展政府完善购买社会公共服务领域,为社会组织公平公正竞争政府购买服务项目奠定基础。党的十八届三中全会通过的《中共中央关于全面深化改革若干重大问题的决定》强调推广政府购买服务,要求适合由社会组织提供的公共服务交由社会组织承担。2013年9月,国务院办公厅颁布实施了《关于政府向社会力量购买服务的指导意见》,也明确强调将政府购买社会组织服务作为推进政府职能转变和社会治理创新的重要抓手。政府部门通过政府购买服务助推社会组织政府在优化社会组织监管手续的同时,逐步完善社会组织内部法人治理体系,增强社会组织的内生发展能力和竞争能力,实现社会组织发展壮大和政府贫困治理体系双向互动共赢。

(二)社会组织助贫减贫脱贫的主体功能日渐凸显

近年来,随着经济社会发展和政府购买社会服务领域的拓展,大量社会组织以社会服务机构的姿态不断涌现,这些社会组织既有官方背景的组织机构,如民建广西区委会社会服务部,民建是民主党派,其主要职责是参政议政,而民建广西区委会社会服务部在服务社会的过程中逐渐形成了"建言践行"的工作理念,联合爱德基金会和会员企业等为广西扶贫开发事业做出了卓越贡献。柳州钢铁集团作为一家大型国有企业,也积极响应党和国家政府号召,通过定点扶贫的模式在履行国有企业的社会责任,为扶贫定点村庄改变贫困面貌做出了努力。广西强荣爱心基金会、皇氏集团股份有限公司等民营企业也通过捐资助学、产业帮扶、技术帮扶等多种模式进行扶贫减贫方面的努力。广西佛教济善会、八桂义工协会等爱心志愿社会组织,也通过会员的资源优势和奉献精神在为贫困地区和贫困群众进行力所能及的帮扶助贫活动。南宁青少年健康服务学会、广西众益社会工作服务研究中心等民办社会工作服务机构则通过政府购买服务项目的方式,以专业优势进行公益实践探索。这些社会组织正在通过参与贫困治理的实践行动,在建构"政府、市场、社会"多元主体参与贫困治理的结构网络体系,逐渐成为贫困治理的多元主体之一,所发挥的助贫减贫脱贫作用也在逐渐增强,社会影响力也在服务社会过程中不断扩大。

(三)社会组织参与贫困治理的社会公信力不断增强

从社会组织内部治理结构的实践来看,已经有部分社会组织到民政部门进行了注册登记备案,具备较为清晰的产权关系和业务范围,建立了比较完善的法人治理结构,社会公信力也在扶贫项目实践中不断增强。例如,广西八桂义工协会是由共青团广西区委、广西青年志愿者协会、《南国早报》等单位共同倡导发起成立的志愿服务组织,机构设有会员代表大会、理事会、监事会、顾问委员会、执行委员会(会长、副会长、秘书长、副秘书长)、项目运营中心(含项目、运营、宣传策划)、常规活动中心、行政人力中心、财务中心等部门,项目运营中心还根据项目实践情况设有八桂心泉项目、新年新衣项目、爱心冬鞋项目、关爱小屋项目、关爱贫困妇女儿童项目、阳光助残项目、关爱空巢老人项目等不同服务类型项目领导小组,设有广西八桂公益网网站(http://www.gxbgyg.com/index.php)。同时,广西八桂义工协会还于2015年8月22日在广西南宁市组织召开了广西公益组织自律研讨会,广西壮族自治区各县市98家社会组织在会上共同签订了《广西公益组织自律准则》,为行内自律树立了典范。广西众益社会工作服务研究中心则采取理事会决议、总干事负责制的管理架构,理事会为中心的决策机构,由理事长主持,定期举行,讨论本中心的重大事项,如管理人员的任免、中心发展方向、财务预算案等,理事会决议由民主投票产生。总干事为中心法定代表人和负责人,履行理事会的民主决议,为中心日常运营的决策人。根据服务项目需求,总干事下设行政部、宣传部以及各种服务部,如青少年部、家庭部、老年服务部、残疾人服务部等。

(四)社会组织需要共同发力发挥多元主体的减贫张力

从当前社会组织参与贫困治理的实际情况来看,负责任的社会组织都在力所能及地发挥组织机构各方面的优势进行助贫减贫脱贫努力,取得了令人信服的良好效果。而在助贫减贫脱贫的过程中,各社会组织都是单方行动的多,社会组织之间合作发力的情况少,各社会组织因服务范围或项目竞争等多重因素的影响,社会组织相互之间的活动交流和项目合作有限。而每个社会组织都会受到资源掌握和成员差异等方面的条件制约,其服务领域和服务能力也会受到限制,在脱贫攻坚任务艰巨的现实背景下,各社会组织之间应该加强合作交流,发挥多元主体共同发力的减贫张力,发挥出不同组织团结协同的整体效能。

(五)社会组织需要不断提高管理能力和项目执行效率

随着互联网、云计算、大数据的等科学技术的发展,大数据及其分析技术正逐步应用到交通、能源、商业、或是医疗健康、教育、扶贫等公共服务领域,也在逐步改变传统管理模式,各个行业的不同部门都在以大数据为发展契机,加速与信息技术的深入融合,这对我国的社会治理产生了新的挑战,贵州、四川、广东、广西等地相继开始将大数据技术应用于贫困治理之中,结合当地实际情况进行技术升级与系统设施普及,探索适合区域发展

第十一章　研究结论与启示

的脱贫突破口,并依托云平台与数据管理系统对扶贫动态管理体系与评估标准进行进一步地完善,不断强化大数据扶贫信息平台的综合分析能力、动态监管能力,加强与相关行业部门信息数据的互联互通和共享共融,构建扶贫"大数据"应用格局。社会组织作为社会治理中的一个重要组成部分,需要积极融入大数据时代背景,促使社会服务项目决策科学化、项目管理精细化、服务对象精准化,不断提高社会组织的管理能力和项目执行效率。

参考文献

[1]卓新平,等.再论宗教与扶贫公益[J].世界宗教文化,2012(2):30-38.

[2]陈洪涛."社会组织"概念的政策与理论考察及使用必要性探析[J].社团管理研究,2009(6):21-24.

[3]张仲涛,袁耀华.非政府组织内涵与外延研究综述[J].学习论坛,2012(7):48-51.

[4]谢遐龄.非政府组织在中国——几个概念和发展前景[J].吉林大学社会科学学报,2009(3):13-19.

[5]唐兴霖,周幼平.中国非政府组织研究:一个文献综述[J].学习论坛,2010(1):49-53.

[6]谢遐龄.非政府组织在中国——几个概念和发展前景[J].吉林大学社会科学学报,2009(3):13-19.

[7]刘杰.社会自治组织的概念探析[J].太平洋学报,2006(8):54-65.

[8]马庆钰.对非政府组织概念和性质的再思考[J].天津行政学院学报,2007(4):40-44.

[9]谢遐龄.非政府组织在中国——几个概念和发展前景[J].吉林大学社会科学学报,2009(3):13-19.

[10]张海军."社会组织"概念的提出及其重要意义[J].社团管理研究,2012(12):31-32.

[11]赵晓芳.非政府组织的界定及其参与扶贫的战略分析[J].兰州学刊,2010(4):77-80.

[12]马庆钰.对非政府组织概念和性质的再思考[J].天津行政学院学报,2007(4):40-44.

[13]李青青.非政府组织在农村扶贫中的功能发挥[J].理论学习,2011(8):61-64.

[14]李勇.论非政府组织在我国扶贫开发中的作用[J].内蒙古农业大学学报(社会科学版),2011(3):253-255.

[15]许源源,邹丽.非政府组织农村扶贫:制度优势与运行逻辑[J].经济与管理研究,2009(1):125-128.

[16]张勇.基于SWOT分析法的中国非政府组织扶贫模式探讨[J].桂海论丛,2011(3):74-78.

[17]陈维佳.论非政府组织在扶贫领域的优势[J].贵阳金筑大学学报,2005,04:13-15.

[18]王宏伟.发挥非政府组织在我国农村扶贫中的作用[J].经济师,2009,10:41-42.

[19]万俊毅,赖作卿,欧晓明.扶贫攻坚、非营利组织与中国农村社会发展[J].贵州社会科学,2007(1):35-39.

[20]李菊兰.关于非政府组织扶贫方式的探讨[J].陕西农业科学,2008,(3):188-191.

[21]李青青.非政府组织在农村扶贫中的功能发挥[J].理论学习,2011(8):61-64.

[22]刘清荣,程文燕.新时期NGO扶贫模式的SWOT分析[J].老区建设,2012(10):13-17.

[23]陈维佳.论非政府组织在扶贫领域的优势[J].贵阳金筑大学学报,2005(4):13-15.

[24]王宏伟.发挥非政府组织在我国农村扶贫中的作用[J].经济师,2009(10):41-42.

[25]刘效东.农村扶贫中非政府组织的作用[J].青岛远洋船员学院学报,2006(4):64-68.

[26]侯国凤,戴香智.社会组织参与农村扶贫的优势与瓶颈——基于社

会政策视角的分析[J]. 中国集体经济,2012(1):14-15.

[27]匡远配,汪三贵.中国民间组织参与扶贫开发:比较优势及发展方向[J]. 岭南学刊,2010(3):89-94.

[28]万俊毅,赖作卿,欧晓明.扶贫攻坚、非营利组织与中国农村社会发展[J]. 贵州社会科学,2007(1):35-39.

[29]陈维佳.论非政府组织在扶贫领域的优势[J]. 贵阳金筑大学学报,2005(4):13-15.

[30]刘清荣,程文燕.新时期NGO扶贫模式的SWOT分析[J]. 老区建设,2012(10):13-17.

[31]曲天军.非政府组织对中国扶贫成果的贡献分析及其发展建议[J].农业经济问题,2002(9):27-30.

[32]侯国凤,戴香智.社会组织参与农村扶贫的优势与瓶颈——基于社会政策视角的分析[J]. 中国集体经济,2012(1):14-15.

[33]谭国志,王远少.非政府组织在农村发展中的角色研究——以W组织在广西扶贫为例[J]. 学会,2010(4):16-22.

[34]匡远配,汪三贵.中国民间组织参与扶贫开发:比较优势及发展方向[J]. 岭南学刊,2010(3):89-94.

[35]李国安,郭庆玲.民间组织参与扶贫的意义、障碍与实践路径[J]. 人民论坛,2014(17):33-35.

[36]匡远配,汪三贵.中国民间组织参与扶贫开发:比较优势及发展方向[J]. 岭南学刊,2010(3):89-94.

[37]李国安,郭庆玲.民间组织参与扶贫的意义、障碍与实践路径[J]. 人民论坛,2014(17):33-35.

[38]侯国凤,戴香智.社会组织参与农村扶贫的优势与瓶颈——基于社会政策视角的分析[J]. 中国集体经济,2012(1):14-15.

[39]张勇.基于SWOT分析法的中国非政府组织扶贫模式探讨[J].桂海论丛,2011(3):74-78.

[40]匡远配,汪三贵.中国民间组织参与扶贫开发:比较优势及发展方向[J]. 岭南学刊,2010(3):89-94.

[41]张勇.基于SWOT分析法的中国非政府组织扶贫模式探讨[J].桂海论丛,2011(3):74-78.

[42]郭佩霞.政府购买NGO扶贫服务的障碍及其解决——兼论公共服务采购的限度与取向[J].贵州社会科学,2012(8):94-98.

[43]沈文清,鄢帮有,刘梅影.NGO参与政府的村级扶贫分析——以江西省可持续发展促进会在宁都的实践为例[J].湖北民族学院学报(哲学社会科学版),2009(5):143-146.

[44]李国安,郭庆玲.民间组织参与扶贫的意义、障碍与实践路径[J].人民论坛,2014(17):33-35.

[45]武继兵,邓国胜.政府与NGO在扶贫领域的战略性合作[J].理论学刊,2006(11):57-58.

[46]朱俊立.政府向慈善组织购买村级扶贫服务研究[J].广东商学院学报,2013(1):88-96.

[47]王飏.非政府组织与农村贫困的消除[J].海南大学学报(人文社会科学版),2009(3):262-265.

[48]陈龙.中国非政府组织发展与扶贫工作[J].科技创业月刊,2006(10):96-98.

[49]钮莹菡.政府扶贫与NGO扶贫的比较[J].郑州航空工业管理学院学报(社会科学版),2007(6):187-190.

[50]陈立栋.政府与NGO合作扶贫路径取向探析[J].洛阳师范学院学报,2012(4):37-41.

[51]匡远配,汪三贵.中国民间组织参与扶贫开发:比较优势及发展方向[J]. 岭南学刊,2010(3):89-94.

[52]蔡科云.政府与社会组织合作扶贫的权力模式与推进方式[J].中国行政管理,2014(9):45-49.

[53]蔡科云.论政府与社会组织的合作扶贫及法律治理[J].国家行政学院学报,2013(2):33-37.

[54]匡远配,汪三贵.中国民间组织参与扶贫开发:比较优势及发展方向[J].岭南学刊,2010(3):89-94.

[55]黄承伟,刘欣.本土民间组织参与扶贫开发的行动特点及发展方向——以贵州省某民间组织为例[J].贵州社会科学,2015(1):157-162.

[56]郑光梁,纪占武.论中国非政府组织的扶贫机制建设[J].辽宁工程技术大学学报(社会科学版),2007(1):55-57.

[57]王家义.非政府组织(NGO)在扶贫中的作用[J].西部发展评论,2007:171-180.

[58]许源源,邹丽.非政府组织农村扶贫:制度优势与运行逻辑[J].经济与管理研究,2009(1):125-128.

[59]张海霞,庄天慧.非政府组织参与式扶贫的绩效评价研究——以四川农村发展组织为例[J].开发研究,2010(3):55-60.

[60]杜旻.NGO扶贫项目中的管理问题对实施效果的影响——对宁夏泾源项目的调查[J].开发研究,2006(6):19-22.

附录一

关于请求支持"社会组织参与广西贫困治理的实践路径研究"课题组开展调查研究的函

广西壮族自治区扶贫办：

  为加深对区情特别是广西贫困问题及其治理的认识和研究，广西壮族自治区哲学社会科学规划领导小组办公室批准立项了2013年度研究课题《社会组织参与广西贫困治理的实践路径研究》（批准号：13CSH003）。

  广西集民族地区、革命老区、贫困地区、边境地区于一体，其贫困问题既有我国整体贫困的普遍性，又具有地缘区域的特殊性。随着广西北部湾经济区、珠江—西江经济带发展规划、中国—东盟自贸区未来"钻石十年"升级版建设、广西参与建设21世纪"海上丝绸之路"等国家区域开放合作战略的深入实施，广西贫困必将出现许多新现象新特点新趋势。社会组织作为社会管理创新的一个重要主体，如何介入到广西少数民族地区的贫困治理中、需要具备何种条件、利用何种路径等，这都是广西贫困治理体系创新和民生政策优化需要认真对待的重要问题。加强社会组织参与少数民族地区扶贫开发研究，发挥社会组织在广西少数民族地区减贫工作中的作用，对于完善我区社会扶贫模式和加快广西经济社会发展具有重要意义。

  为此，我们将以自治区级立项课题《社会组织参与广西贫困治理的实践路径研究》为契机，深入开展当前社会组织在参与广西少数民族地区扶贫开发的实践模式、主要特征、角色承担及减贫效率等方面的调研，形成系统的经验概括,并进行适当的省际和国别实践比较,概括一个比较完善的社会组织参与广西少数民族地区贫困治理的规范性行动框架,从政策、法律、制度等方面提出可操作化的实践建议,并从社会组织参与广西少数民族贫困治理的社会功能视角优化广西民生政策设计,使广西贫困问题在广西新时期的开放发展中得到有效减缓,助推广西尽快建设成为我国西南中南地区开放发展新的战略支点。

因课题研究需要,现课题组请求与自治区扶贫办有关处室(中心)联合开展《社会组织参与广西贫困治理的实践路径研究》调研工作,并请求在课题经费、确定选点、工作安排等方面给予大力支持。

附件1:《社会组织参与广西贫困治理的实践路径研究》立项通知书

附件2:《社会组织参与广西贫困治理的实践路径研究》的调研提纲

《社会组织参与广西贫困治理的实践路径研究》课题组

2014年5月28日

附件1

中共广西壮族自治区委员会宣传部

立项通知书

广西大学：

经学科评审小组评议，广西壮族自治区哲学社会科学规划领导小组审批，你单位 **莫光辉** 同志申报的广西哲学社会科学规划2013年度研究课题"**社会组织参与广西贫困治理的实践路径研究**"已获立项（批准号：**13CSH003**），项目类型为**青年项目**。项目资助经费为 **2** 万元，首次拨付80%。成果形式为**研究报告**，完成该项目的截止时间为**2015年12月31日**。请通知项目负责人认真填写回执，并尽快寄达我办。

为了保证研究工作的顺利进行，请你们对课题组给予支持和帮助，并按照《广西哲学社会科学研究课题管理办法》做好管理工作。

广西壮族自治区哲学社会科学规划
领导小组办公室
2013年12月6日

附件2

《社会组织参与广西贫困治理的实践路径研究》的调研提纲

1. 行业协会商会类（含企业）、科技类、公益慈善类、城乡社区服务类、宗教类等社会组织和境外非政府组织在广西贫困治理中的现状。

2. 行业协会商会类（含企业）、科技类、公益慈善类、城乡社区服务类、宗教类等社会组织和境外非政府组织在广西贫困治理中作用。

3. 行业协会商会类（含企业）、科技类、公益慈善类、城乡社区服务类、宗教类等社会组织和境外非政府组织在广西贫困治理中的主要经验。

4. 行业协会商会类（含企业）、科技类、公益慈善类、城乡社区服务类、宗教类等社会组织和境外非政府组织在广西贫困治理中存在的问题。

5. 行业协会商会类（含企业）、科技类、公益慈善类、城乡社区服务类、宗教类等社会组织和境外非政府组织在广西贫困治理中的对比分析（作用、经验、管理、存在问题等）。

6. 行业协会商会类（含企业）、科技类、公益慈善类、城乡社区服务类、宗教类等社会组织和境外非政府组织在今后广西贫困治理中的对策建议。

7. 行业协会商会类（含企业）、科技类、公益慈善类、城乡社区服务类、宗教类等社会组织和境外非政府组织在广西贫困治理中的典型个案分析（每类社会组织选择1~2个在广西贫困治理中做得具有代表性和典型性的个案进行现场调研，形成调研报告）。

附录二

关于请求支持"社会组织参与广西贫困治理的实践路径研究"课题组开展调查研究的函

广西柳州钢铁(集团)公司:

为加深对区情特别是广西贫困问题及其治理的认识和研究,广西壮族自治区哲学社会科学规划领导小组办公室批准立项了2013年度研究课题《社会组织参与广西贫困治理的实践路径研究》(批准号:13CSH003)。

广西集民族地区、革命老区、贫困地区、边境地区于一体,其贫困问题既有我国整体贫困的普遍性,又具有地缘区域的特殊性。随着广西北部湾经济区、珠江—西江经济带发展规划、中国—东盟自贸区未来"钻石十年"升级版建设、广西参与建设21世纪"海上丝绸之路"等国家区域开放合作战略的深入实施,广西贫困必将出现许多新现象新特点新趋势。国有大型企业作为社会管理创新的一个重要主体,如何介入到广西少数民族地区的贫困治理中、需要具备何种条件、利用何种路径等,这都是广西贫困治理体系创新和民生政策优化需要认真对待的重要问题。加强国有大型企业参与少数民族地区扶贫开发研究,发挥国有大型企业在广西少数民族地区减贫工作中的作用,对于完善我区社会扶贫模式和加快广西经济社会发展具有重要意义。

为此,我们将以自治区级立项课题《社会组织参与广西贫困治理的实践路径研究》为契机,深入开展国有大型企业在参与广西少数民族地区扶贫开发的实践模式、主要特征、角色承担及减贫效率等方面的调研,形成系统的经验概括,并进行适当的省际和国别实践比较,概括一个比较完善的国有大型企业参与广西少数民族地区贫困治理的规范性行动框架,从政策、法律、制度等方面提出可操作化的实践建议,并从国有大型企业参与广西少数民族贫困治理的社会功能视角优化广西民生政策设计,使广西贫困问题在广西新时期的开放发展中得到有效减缓,助推广西尽快建设成为我国西南中南地区开放发展新的战略支点。

因课题研究需要,现课题组请求与广西柳州钢铁(集团)公司联合开展《社会组织参与广西贫困治理的实践路径研究》调研工作,请给予支持为盼。

附件1:科研项目合作协议书

附件2:《社会组织参与广西贫困治理的实践路径研究》的调研提纲

《社会组织参与广西贫困治理的实践路径研究》课题组

2015年1月23日

附录二

附件1

科研项目合作协议书

甲方(项目负责人):莫光辉

(广西大学公共管理学院副研究员、博士、兼任广西壮族自治区人民政府发展研究中心专家、广西壮族自治区党委、自治区人民政府2015年度重大招投标项目结题评审专家)

乙方(合作单位):广西柳州钢铁(集团)公司

本协议双方就共同申报2015年广西高校人文社会科学重点研究基地"区域社会管理创新研究中心"开放课题项目商定,项目名称暂定为:《社会组织参与跨域贫困治理模式创新研究》。经平等友好协商,达成如下协议,并由合作双方共同恪守。

一、研究任务分工

甲方:负责项目申报、调查研究、结题等具体事宜的统筹协调。

乙方:协调甲方在项目申报、调查研究等方面提供帮助。

二、研究成果分配

本项目研究形成的研究报告等理论性成果由双方共享,若转让需经双方同意,转让产生的收益,按照1∶1比例分配。

三、协议的生效变更与解除

1. 本协议生效期间为项目获得之日至项目结题申请通过之日;

2. 本协议仅限于此次项目申报,如需申报其他项目,需另行签订协议;

3. 本协议未尽事宜,双方应本着互惠互利,友好协商的原则另行约定,并以备忘录或附件的形式体现。

四、其他约定

1. 本项目如未获得批准,本协议将自动终止;

2. 本协议一式贰份,甲乙双方各持壹份,经双方签字盖章后生效,具有同等效力;

3. 未经对方许可,甲乙双方不得将本协议内容透露给第三方。

  甲方(签名):   乙方(盖章):

            代表(签名):

  年 月 日   年 月 日

附件2

《社会组织参与广西贫困治理的实践路径研究》的调研提纲

1. 广西柳州钢铁(集团)公司在广西贫困治理中的现状。
2. 广西柳州钢铁(集团)公司在广西贫困治理中作用。
3. 广西柳州钢铁(集团)公司在广西贫困治理中的主要经验。
4. 广西柳州钢铁(集团)公司在广西贫困治理中存在的问题。
5. 广西柳州钢铁(集团)公司在今后广西贫困治理中的对策建议。
6. 广西柳州钢铁(集团)公司广西贫困治理中的典型个案分析(选择广西柳州钢铁(集团)公司在广西贫困治理中做得具有代表性和典型性的个案进行现场调研,形成调研报告)。
7. 广西柳州钢铁(集团)公司扶贫工作近三年(2012年、2013年、2014年)年度工作总结、工作计划

后 记

此刻的广西大学还是五月的花海世界,正是池塘满潭荷花的百相竞放,书稿经过多次修改,终于可以作为不太成熟的成品提交给出版社,这是笔者近三年对社会组织研究学术理论不太完美的思考小结,相信拙作也能像含苞待放的荷花一样美丽而富有吸引力,接受游人的欣赏和品鉴。书稿的完成,有喜悦和希冀,更多的则是让我倍感紧张和压力,因为书稿的完成凝聚了太多亲人、领导、同事、好友、学生的协助,太多的谢意需要表达,需要心怀感恩前行。同时,我也深知,在追求学问的成长路上,还有很多很多的知识需要虚心学习。

对于社会组织的研究,主要是从2013年12月获得广西壮族自治区哲学社会科学规划研究课题青年项目"社会组织参与广西贫困治理的实践路径研究"开始,申报书是和祝慧老师共同商讨完成。为了顺利完成课题,我拜会了广西壮族自治区扶贫办原主任吴宇雄、副主任莫雁诗,得到了广西壮族自治区扶贫办社会处处长刘康的推介,认识了民建广西区委会秘书长沈小松,这些领导对课题研究给予了大力支持。2015年年底,本书还被有幸列为广西高等学校高水平创新团队及卓越学者计划"非政府组织与社会管理创新"和广西高校人文社会科学重点研究基地"区域社会管理创新研究中心"建设经费资助计划,这与广西大学公共管理学院院长谢舜教授、副院长王玉生教授的关心栽培密不可分,王玉生教授还多次指导督促书稿的进度,心存感动。

书稿的完成,主要是我和祝慧老师共同努力以及亲朋好友大力无私支持的结果。在书稿前期调研及资料的整理过程中,每一个章节都得到了不同人士的极大支持帮助,这应该可以说是集体智慧的结晶,特别需要感谢

后 记

以下直接提供书稿素材的每一位爱心人士,正是你们的支持,才使得书稿能够顺利完稿,让广大读者、学者及社会各界人士对社会组织参与贫困治理的概貌有了新的了解和认知,需要特别谢谢你们。第二章民建广西区委会社会服务部的贫困治理实践材料主要由民建广西区委会秘书长沈小松提供,第三章广西柳州钢铁集团有限公司参与贫困治理的实践材料主要由广西柳州钢铁集团有限公司董事、党委副书记、纪委书记、工会主席林承格提供,第四章皇氏集团股份有限公司参与贫困治理的实践材料主要由皇氏集团股份有限公司办公室主任王婉芳提供,第五章广西强荣爱心基金会参与贫困治理的实践材料主要由广西强荣爱心基金会理事长林我蓉提供,第七章广西桂平龙华寺参与贫困治理的实践材料主要由广西大学公共管理学院社会工作专业2013级学生杨冬妮完成,第八章南宁青少年健康服务学会参与贫困治理的实践材料由我指导的广西大学大学生创新创业训练计划资助项目《民办社会工作服务机构参与农民贫困治理的实践探索》项目组成员米彦桦、吴清泉、谭友玲收集整理,第九章广西八桂义工协会参与贫困治理的实践材料主要由广西八桂义工协会常务副会长陶海华提供,第十章广西众益社会工作服务研究中心参与贫困治理的实践材料主要由广西众益社会工作服务研究中心理事长周文栋提供,再次谢谢以上提供宝贵材料的领导、好友、学生们。同时,书中有部分研究成果曾在《世界宗教文化》《中国国情国力》《学会》等学术期刊刊发,在此,也对《世界宗教文化》主编郑筱筠、《中国国情国力》主编云霞、《学会》主编秦威对文稿的认可表示感谢。

行笔至此,突然想起了我那可亲可敬的岳母覃黎明。岳母覃黎明对我的影响非常大。岳母覃黎明一生坎坷,自信好胜,12岁左右就去当了知青,一辈子经历了许多的磨难和艰辛,然而,她自己吃再多苦也毫不在乎,都要想办法让自己的小孩无忧无虑地快乐成长并享受最好的教育。岳母经常教导我要能够吃苦和勤俭持家,岳母自己就是榜样。岳母还经常教导我要追求上进,在工作岗位上要尽职把自己的工作干得最好,岳母说当年单位只有3%的人上调工资,她是这3%的一分子,靠的就是在工作岗位上勤勤恳恳做事;岳母还经常教导我要遵纪守法,不是自己的钱一分也不能够沾,特别是科研经费要按照规定要求报销,不要在经济上出问题栽跟斗,岳母说原来自己被单位委派到外地进货,都是用火车皮拉货,那时进货出货的量都是以吨来计算,在计划经济时代,要是每斤差价多报1分钱,都是一笔很大的可观金钱数目,而我的岳母却从来也没有动过这样的歪念头,只是领取单位核实发放的出差补贴;岳母还经常教导我要珍惜家庭和珍惜夫妻感情,为小孩的成长提供良好的家庭环境,岳母说她原来被单位委派出差,都有男同志随行,而岳母却从来没有在感情上出现丝毫问题;岳母还经常教导我……只是,很遗憾,我再也听不到岳母的教导了,岳母在2016年3月身患胆囊癌永远地离开了我们,只有岳母曾经为家忙碌的身影在眼前闪现,想着岳母没有好好享受到生活的甜蜜好日子就突然离开了我们,心中仍旧是挥之不去的隐痛。当然,岳母还给我们留下了最宝贵可以天天享用的最大财富,那就是我儿子的姓名"莫庚润"出自岳母的智慧思考,取之两位大数学家的姓名"华罗庚"和"陈景润",希望儿子长大记事的时候能够想起外婆的良苦用心,能够在记忆中隐隐约约记起外婆带给他五岁前的快乐成长记忆,并和我们一起,用岳母一生的言行示范钥匙开启我们美好幸福家庭的大门。

笔者自2014年1月从广西大学党委办公室、校长办公室转岗到广西大学公共管理学院任教以来,对于教学和科研工作能够认真负责,通过全程互动教学模式和组建跨学科研究团队模式进行教学和科研能力的提升,取得了较好的效果。指导2012级社会工作专业本科生王友俊、高晶晶、蒋璐姗、张菁、桑潇、李佳育、李欣完成了调研作品《制度变革与医改突破:县乡一体化的实践探索——基于广西上林县的调查分析》,获得了团中央、教育部等单位举办的第十四届"挑战杯"中行工业全国大学生课外学术科技作品竞赛三等奖,笔者也获得了第十四届"挑战杯"中行工业全国大学生课外学术科技作品竞赛优秀指导老师的荣誉称号。在指导学生的过程中,花去

后 记

很多时间、精力和金钱,但是,自己没有后悔为学生进步搭建了发展平台,"挑战杯"成员王友俊、高晶晶、张菁、桑潇、李欣还将到南京大学、华中师范大学、华中农业大学、广西大学就读研究生,特别是王友俊、高晶晶两位同学是被保送到南京大学就读研究生,我们在彼此的教学科研交往中也加深了师生情谊,祝愿这些优秀的学生能够在新的学习平台上实现新的梦想;对于社会工作2013级的学生,我主要是通过让学生参与研究项目和尝试撰写学术论文的方式进行培养,于泽堃、陈正文、谢祁星、凌晨、米彦桦等同学已经有了刊发学术论文的经历。在指导学生的过程中,我还组建了国家社科基金重大基金滚动项目"中国百村调查研究"子项目"思远故里:两岸村"研究团队,陈正文、王友俊、高晶晶、周思希、江涛、于泽堃、谢祁星、凌晨、吴清泉、谭友玲、廖珊珧、庞少琼、黄燕华、吴晨蔚、程敏、张玉雪、黎文清、秦添阳、董烁、吴越、廖晗宇、岑黄明等团队成员正在紧张进行调研数据材料的整理工作。在培养学生的过程中,我深感压力重大,唯有尽心尽责才不会耽误学生,才会让学生学有所获,能够为学生的成才梦想助力远行,这或许是有责任教师的一种神圣使命吧。当然,每当看到团队成员的成长进步或取得的新成绩新荣誉,心里甚是欣慰,满足感和自豪感也油然而生,因为自己的辛勤付出有了丰硕的喜悦结晶。

书稿得以顺利出版,还要感谢我的两位学生高晶晶、王友俊对书稿的校对和排版设计。非常感谢知识产权出版社李小娟老师的信任和指导,以及为书稿瑕疵点缀修饰付出的辛勤劳动。

在精准扶贫精准脱贫的脱贫攻坚战进程中,贫困治理研究恰逢其时,意义重大,影响深远,笔者也愿意在贫困治理研究领域做出学术努力。2015年12月,笔者在社科文献出版社出版了学术专著《农民创业与贫困治理——基于广西天等县的实证分析》,该著作得到了中国经济学者、国务院扶贫开发领导小组专家咨询委员会委员、中国人民大学经济学院博士生导师孙久文教授等6位同行专家的出版推介。著作出版后,社会科学文献出版社社长谢寿光老师和清华大学沈原教授对作品推介给予了关心帮助,中国经济社会学权威专家、北京大学社会学系博士生导师刘世定教授,中国公共政策权威专家、复旦大学社会发展与公共政策学院博士生导师张乐天教授,中国产业经济问题研究专家、中国城市管理研究院院长陈柳钦分别撰写书评刊发于《广西日报》《当代广西》和人民日报社主办的《中国城市报》。

学术人生,既是学问人生,更是学人人生,期待在人生成长的征程中心怀感恩,荣幸遇到更多的良师益友,共同为认同的学术共同体和彼此的瑰丽幸福人生互助努力。

莫光辉

2016年6月8日于广西大学东高小区